KB029356

The Big Idea

우주는 어떤 모양인가?

신지식교양인을 위한 우주 입문서

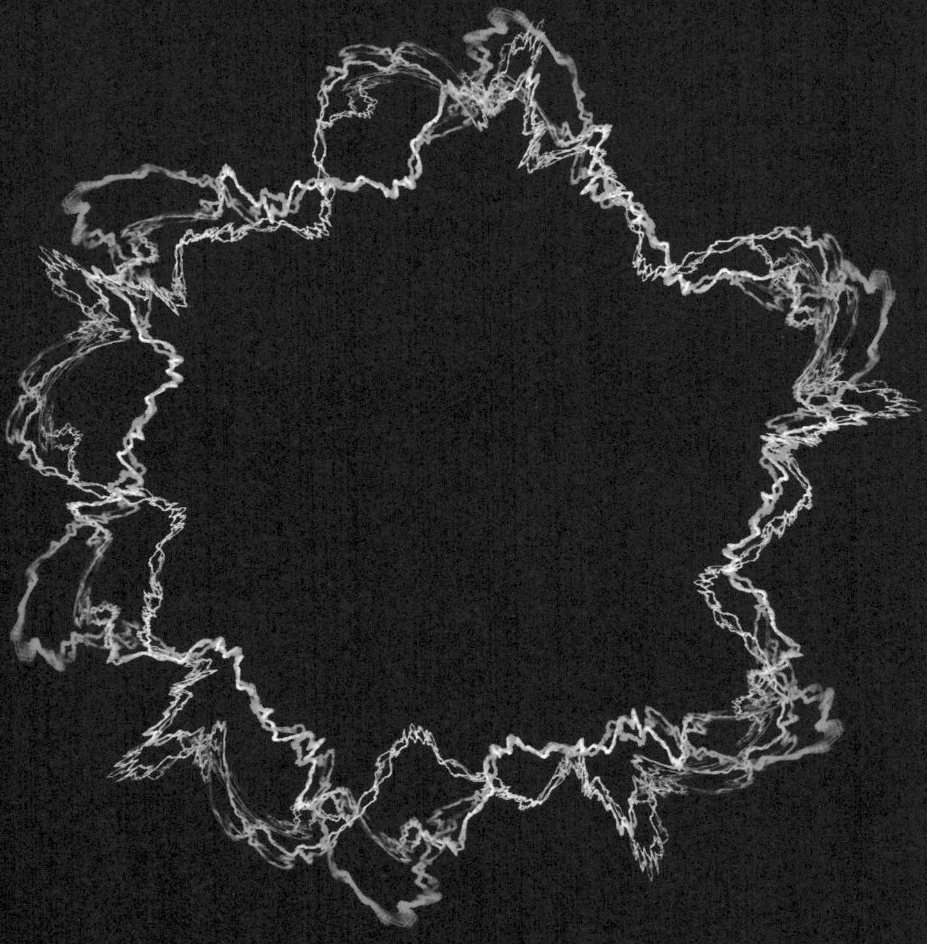

The Big Idea

Giles Sparrow

우주는 어떤 모양인가?

신지식교양인을 위한 우주 입문서

도판 200점 이상

자유의 길
The Roads to Freedom

자일스 스패로 지음 | 고현석 옮김

차례

SCENO
SYSTE
COPER
ZODIACVS, ET SPHÆRA STELLARV
CAN CER
HYBERNA
SEMITA SATVRNI QVI TRIG
VIA IOVIS SPAT
IVPITER
CIRCVLVS MARTIS DVORVM ANNORVM
ORBITA GLOBI TER
SOLSTI BRV
ÆQVINOCTIVM
VERNVM
SPATIO CIRCA
SIGNA
LI BRA
VERNA
SCOR PIVS
SOLSTI ÆSTI

들어가며

ET CONSISTENS
TAV:
RVS
REVOLVITVR
SATVRNVS
ANNORVM SE REVOLVENTIS
INTERVALLO SOLEM CIRCVM EVNTIS
ARI:
ES
AVTVMNALIA.
ÆQVI NOCTI VM
AVTV MNALE
SOLEM CVRRENTIS
MARS
CAPRI
CORNVS

A

'우주는 어떤 모양인가?'

이것은 매우 중요한 질문이다.
이 책은 간단해보이지만, 결코 단순하지 않은 질문에 대한 답을 제시한다. 왜냐하면 우주의 모양을 측정하고 해석하는 것은 우주론에서 엄청나게 중요한 의미를 가지며, 우주론Universe은 과거와 현재, 미래의 과학 그 자체이기 때문이다. 또한 우주가 언제 어떻게 시작됐고, 현재 어디까지 팽창해 있으며, 앞으로 수십, 수백억 년 뒤 우주의 궁극적인 운명은 어떻게 될지를 탐구한다.

이 책에서 '우주universe'는 우리가 여행을 떠날 수도 있는 곳에 펼쳐진 연속 공간을 뜻한다.
단, 우리가 살고 있는 공간을 의미하는 경우 따로 설명을 붙여 '우주Universe'로 구분해서 사용했다.

A 칠레 세로 파라날에 위치한 유럽남방천문대ESO, European Southern Observatory in the Southern Hemisphere에 설치된 초거대 망원경 위에 별들이 가득하다. 이 초대형 망원경으로 지구에 도착하는 데 수백만에서 수십억 광년이 걸릴 수도 있는 우주의 가장 먼 곳에서 오는 빛을 쓸어 담아, 우주의 구조와 모양을 짐작할 수 있는 단서를 찾을 수있다

우주가 특정한 모양이라는 다양한 증명들을 이해하려면 먼저 여러 가지 이론들을 살펴보아야 한다. 그 전에, 우주학자들이 말하는 우주의 의미와 우주가 어떻게 '모양'이라는 것을 가질 수 있는지를 명확하게 이해해야 한다.

우리가 우주에 대해 가장 먼저 떠올리는 것은 외우주outer space다. 외우주는 대기권 밖 어디선가 시작되고, 거대한 진공을 넘어 뻗어나간다. 행성planets과 항성stars(*항성은 언제나 움직이지 않는 별, 행성은 언제나 움직이는 별, 별은 일반적인 의미에서 우주에 존재하는 천체, 항성은 천문학적 의미에서 행성에 대칭되는 개념)이 있으며, 그 외에는 딱히 아무것도 없는 광활하고 텅 빈 공간이다.

우리가 상상하는 우주는 별들 사이에 춥고, 텅 비어 있고, 잉크처럼 까만 공간이다.

물리학자와 우주학자가 정의하는 우주는 매우 다르다. 지구와 광활한 우주에 대한 정의가 다른 만큼이나 차이가 난다고 할 수 있다. 여기서 말하는 우주는 측정의 기준을 제공하는 기하학적 구조다. 다시 말해, 물체가 부피를 차지하고 있으며 이 물체가 한 위치에서 다른 위치로 움직이는 공간을 뜻한다.

우리는 직관적으로 우주가 3차원이라고 생각한다. 물체는 높이·길이·깊이로, 운동은 위·아래·옆·앞·뒤와 같은 측정 기준으로 표현한다. 우리는 이런 척도가 모두 다르다고 생각하지만, 사실 이 기준들은 관점에 따라 서로 바꿔 사용할 수도 있다. 여러분과 내가 똑같은 물체를 다른 방향에서 본다면 높이·길이·깊이가 서로 다르다고 생각할 수 있는 것처럼 말이다.

그렇지만 우리는 한 가지 공통적인 생각을 가진다. 바로 3차원을 이루는 방향들이 서로 직각을 이루고 있다는 사실이다. 또한 우리가 '기원'이라고 부르는 하나의 고정된 관점, 즉 공통된 방향과 측정 단위에 서로 동의한다면, 3개의 숫자로 공간에서 모든 점의 위치를 정의하고 나타낼 수 있다. 이 간단한 원칙이 학창시절 우리를 괴롭혔던 유클리드 기하학 Euclidean geometry의 기초다.

차원이라는 말은 독립적인 측정 방향을 뜻하는 과학 용어에 불과하다. 따라서 유클리드 기하학이 기술하는 우주는 3차원이라고 할 수 있다. 충분히 긴 끈만 있다면, 꼭짓점이 3개이고 서로 직각인 끈 3개가 교차해 만드는 정육면체들로 구성되는 끝없는 격자구조로 우주를 표현할 수 있을 것이다.

A

유클리드 기원전 300년경에 활약한 그리스의 수학자. 현존하는 가장 오래된 기하학 교과서인 《기하학원론》을 썼다. 이 책에서 유클리드는 평면에 관한 기하학적 공리(Axiom, *조건 없이 전제된 명제)들을 제시하고 있다. 이것은 3차원 공간에도 그대로 적용된다.

A 1888년 프랑스의 천문학자 카미유 플라마리옹이 집필한 책에 삽입된 유명한 판화. 천문학이 더 복잡한 우주들을 새로이 찾아낸다는 생각을 담고 있다.

B 유클리드의 《기하학원론》은 기하학과 같이 확실하다고 믿는 현실을 '수학 언어'로 얼마나 다양하게 표현할 수 있는지 보여준다. 물론, 오늘날 우리는 유클리드 기하학도 가정과 한계를 지닌 기하학의 한 특별한 형태라는 것을 알고 있다.

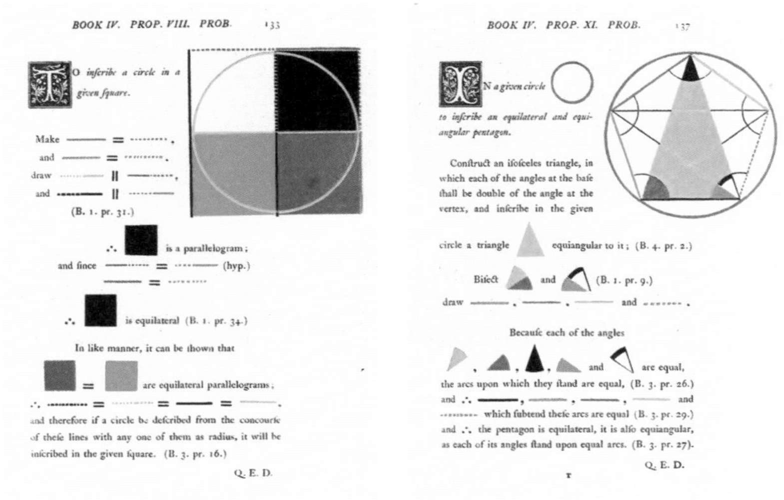

B

끝없는 격자구조를 이루는 정육면체들로 3개의 줄을 만들어 이 줄들이 서로 직각을 이루게 하면, 우주를 지도로 표현할 수 있을지도 모른다. 유클리드 이론에 따르면 이 격자는 모두 모양이 같아야 하고, 그 격자 안에 실제로 어떤 물체(탁구공이든 행성이든 관계없이)가 있든 상관없이 격자의 모양은 변하지 않아야 한다.

그러나 유클리드 이론은 부분적으로만 옳다. 항성이나 행성처럼 크기가 큰 물체들은 얘기가 다른데, 이는 그동안 우리가 중요한 부분을 놓치고 있었기 때문이다.

실제로 우주에서 어떤 일이 벌어지고 있는지 알기 위해서는, 먼저 우주가 가진 다른 의미를 탐구해보아야 한다. 행성과 항성 사이의 '텅 빈 공간'으로서의 우주가 어떤 의미인지를 알아야 한다는 뜻이다.

A 하늘에서 천천히 회전하는 별들의 궤적을 밤에 노출시간을 길게 늘려 찍은 사진. 지구와 우주의 관계를 가장 잘 보여준다.
B 행성 운동을 기록한 표. 프톨레마이오스의 《알마게스트》(7세기 아랍어 번역판).

A

인류 역사에서 가장 뛰어난 학자들도 별들 사이의 빈 공간을 상상할 필요성을 느끼지 못했다. 고대에는 당시로선 유일한 관찰 방법이었던 '육안 관찰'이라는 한계 때문에 지구가 우주의 움직이지 않는 중심이라고 생각했다. 태양과 달, 행성들이 지구 주위를 돌고, 별들은 하루에 한 번씩 회전하는 '하늘'의 바깥 껍질을 이루고 있다고 여겼다.

이러한 사고체계 안에서 그들은 태양계 안의 물체들이 항성들을 배경으로 서로 다른 속도로 움직이는 현상, 즉 천체들이 하루에 한 번 떴다 지는 현상을 설명할 수 있었다. 또한 행성 궤도와 행성 사이의 공간을 에테르aether라는 신비한 물질이 채우고 있고, 이 때문에 천체들 사이에서 빛과 운동력이 이동할 수 있다는 생각이 일반적이었다. '자연은 진공 상태를 싫어한다'는 아리스토텔레스적 관념이었다.

물론, 초기 그리스 철학자들 가운데 지구의 크기, 달과 태양 사이의 거리에 대해 놀랄 만큼 정확히 추산한 이들이 있었다. 그렇지만 그들도 이 천체들 사이의 공간이 무언가로 채워져 있다고 믿었다. 우주를 '진공'이라는 개념으로 상상한 것은 기원전 3세기에 활발히 활동한 스토아학파 철학자들뿐이었다. 그러나 그들도 진공은 육안으로 관찰 가능한 별들을 포함한 우주 너머에 있다고 여겼을 뿐, 우주 안에 있다고는 생각하지 못했다. 이런 스토아학파의 의견은 행성의 움직임을 훨씬 더 잘 설명한 듯 보이는 또 다른 이론에 곧 자리를 내주었다.

지구는 우주의 중심에 있고, 그 밖의 다른 행성들은 에테르로 채워진 고정된 구 표면에 붙어 지구를 돈다는 기원전 2세기 프톨레마이오스Klaudios Ptolemaios의 천동설이 등장한 것이다. 행성은 주전원epicycle이라는 작은 원 궤도를 회전하고, 행성의 중심은 주전원이 도는 큰 궤도인 이심원을 따라 돈다는 주장이었다. 역행retrograde motion이라는 신비한 현상은 이 이론으로 설명할 수 있었다. 역행 운동은 화성, 목성, 토성이 몇 주 또는 몇 달 동안 하늘에서 보통의 운행 방향과 반대로 움직이는 것처럼 보이는 현상을 말한다.

천동설에서는 지구, 달, 태양 그리고 지구 밖 5개 행성(수성, 금성, 화성, 목성, 토성) 바깥을 움직이지 않는 항성구가 둘러싸고 있고, 이 천체들 사이에는 빈 공간이 없다. 천동설의 신빙성은 실제 행성의 운동을 상당히 정확하게 묘사하는 것처럼 보인다는 데 있었다. 프톨레마이오스의 주장은 하늘이 완벽하기 위해서는 순수한 원 운동이 필요하다는, 고대 철학에 기대고 있었다.

B

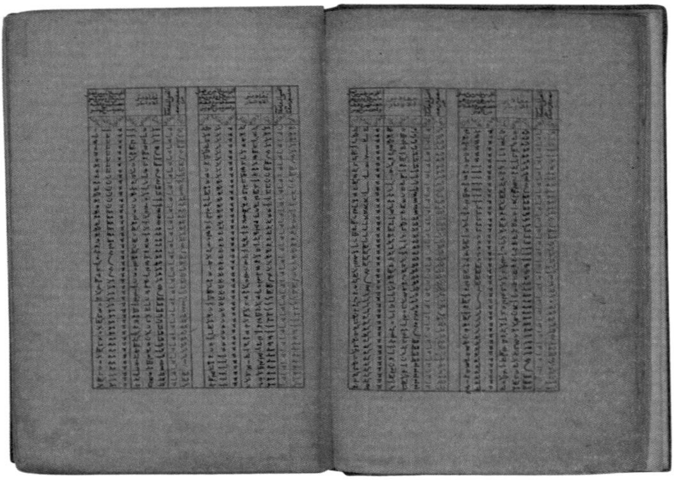

클라우디우스 프톨레마이오스(기원전 100~170)
그리스·이집트의 수학자. 아랍어 역본으로 알려진 천문학 저서 《알마게스트》를 집필했다. 그의 천문학 이론은 르네상스 시대까지 굳건한 위치를 차지했다.

A

로마제국시대를 거치면서 기독교 교리의 일부로까지 자리 잡은 프톨레마이오스의 천동설은 이후 1,000년 이상 천문학을 지배했다.

코페르니쿠스Nicolaus Copernicus가 지구가 태양을 중심으로 회전한다는 지동설을 강하게 주장하기 시작한 것은 16세기 초반 '종교개혁'이라는 대혼란의 시기였다.

코페르니쿠스는 태양계의 중심을 태양으로 바꿨다. 태양 주위로 수성, 금성, 지구, 화성, 목성, 토성이 궤도를 돌고 있는 모델이었다. 지동설은 행성 운동에서 풀리지 않던 수많은 미스터리를 상당 부분 설명했지만, 이 또한 완벽한 것은 아니었다('역행'을 예로 들 수 있다. 1년 주기로 태양 주위 궤도를 지구보다 먼 곳에서 더 천천히 움직이는 행성을 지구가 따라잡는 현상처럼, 기존 이론으로는 설명이 안 되는 궁금증들이 해결됐다). 게다가 코페르니쿠스는 1543년 사망하기 직전 프톨레마이오스가 이상적인 원 운동 개념을 주장하면서 사용했던 주전원과 비슷한 체계로 자신의 이론을 조작했다. 그렇지만 그가 죽기 전 출간한 《천구의 회전에 관하여》는 천문학에 일대 혁명을 일으켰다.

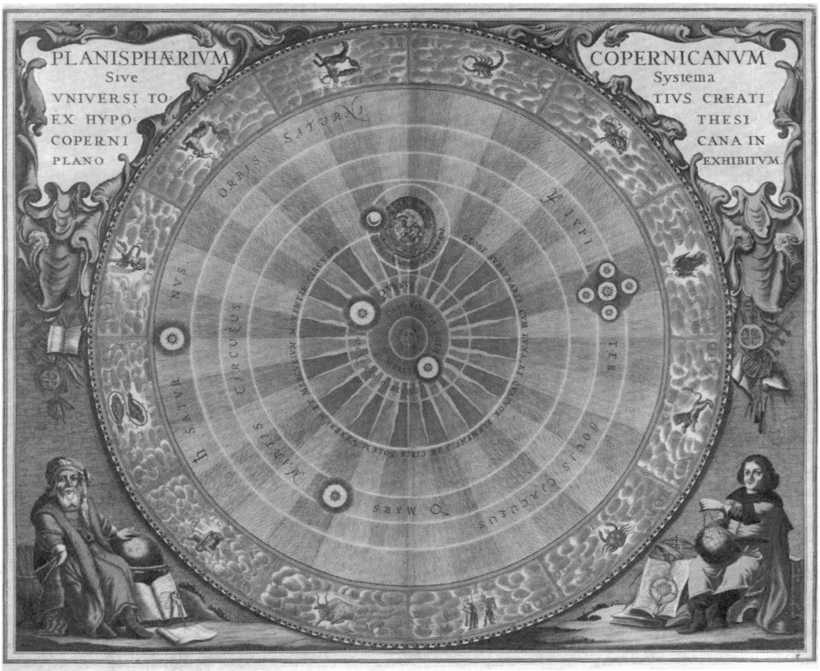

B

지동설이 처음부터 인정받았던 것은 아니다. 하늘의 성질에 대한 기존질서를 전복하는 시도였기 때문이다. 1570년대가 되자 이런 낡은 사고에 직접적으로 도전하는 2가지 사건이 일어났다. 먼저, 1572년 카시오페이아 별자리constellation에 밝은 별 하나가 새로 관측되었다. 사실 별이 죽어가는 모습이지만, 우리가 보기에는 한동안 새로운 별이 나타난 것처럼 보였기 때문에 현재 '초신성'이라고 불리는 이 별의 폭발은 항성이 완벽하게 고정된 상태가 아니라는 증거다.

A 네덜란드계 독일인 지도제작자 안드레아스 셀라리우스가 1660년 출판한 인쇄물《하모니아 마크로코스미카Harminia Macrocosmica》. 궤도를 도는 행성들과 바깥쪽의 항성들로 둘러싸인 지구 중심의 전통적인 우주 모델을 보여준다.

B 《하모니아 마크로코스미카》의 두 번째 판화. 태양이 중심에 있고 지구가 행성 중 하나로 표시된 코페르니쿠스의 우주 모델을 나타낸다. 지구 주위에는 달이 하나, 목성 주위에는 달이 4개 돌고 있는 것에 주목하자.

니콜라우스 코페르니쿠스(1473~1543) 폴란드의 가톨릭 신부이자 천문학자. 행성 운동을 관찰해 태양 중심설을 주장했다. 코페르니쿠스는 1514년부터 소책자를 만들어 자신의 이론을 퍼뜨렸지만, 정식으로 출판된 것은 1543년의 일이었다.

별자리 관찰자들은 밝은 별들을 묶어 '형태'를 만들었다. 그런 별자리마다 이야기나 전설이 있다. 그러나 오늘날 별자리는 이 형태를 둘러싼 '하늘의 영역'을 말한다. 별자리는 모두 88개가 있으며, 이 별자리들이 서로 겹쳐 하늘 전체를 뒤덮고 있다.

A

A '1577년 대혜성'을 표현한 터키의 그림. 이 혜성은 우주의 속성에 대한 선입견을 완전히 뒤바꾸었다. 혜성이 확실히 행성의 궤도 사이로 움직였기 때문이다

B 요하네스 케플러는 '타원 궤도'라는 걸 생각하기 전에 이미 《우주구조의 신비 Mysterium Cosmographicum》(1956)에서 행성의 경로를 정다면체들의 연속으로 정의할 수 있다고 보았다.

1577년엔 밝은 혜성이 몇 달간 나타났다. 유럽의 여러 지역에서 관찰한 결과, 이 혜성의 방향은 관측 장소에 따라 크게 달라지지 않았다. 대기 현상에 인한 것이 아니었다. 혜성이 지구로부터 엄청나게 먼 곳에 있기 때문이었다. 경로를 봤을 때 혜성은 행성구로 생각되는 공간을 직접 통과해온 것이 분명했다.

마지막 돌파구는 1608년 요하네스 케플러Johannes Kepler가 찾았다. 행성 운동이 '완벽한' 원 운동이라는 생각을 버리고, 태양을 중심으로 타원궤도를 따라 도는 운동이라고 가정하면 더 잘 설명할 수 있다고 주장했다. 케플러의 새로운 태양계 모델은 빠르게 퍼지면서, 동시대 천문학자들이 발명한 망원경으로 새로운 관찰이 가능하게 되었다.

케플러의 타원궤도 모델이 등장하자 주전원, 행성구, 항성구 등의 개념은 사라졌다. 이 이론은 행성이 궤도를 한 번 완주하는 데 걸리는 시간과 궤도 크기 사이의 직접적인 관계를 제공했다. 행성들이 광활하고 텅 빈 공간에서 서로 수백만 또는 수천만 킬로미터 떨어진 채 떠다니고 있다는 사실도 알게 되었다.

이로써 우주의 규모는 단번에 엄청나게 확장되었다. 천문학자들은 역사상 처음으로, 지구가 모든 방향으로 뻗어나가는 광대한 공간에 둘러싸였다고 생각할 수밖에 없었다. 그렇지만 텅 빈 공간이라도 어떠한 형태, 즉 모양을 가지고 있을 가능성은 여전히 있었다. 그것을 알기 위해서는 우주에 있는 물체들의 위치와 확산 상태를 먼저 파악해야 했다.

B

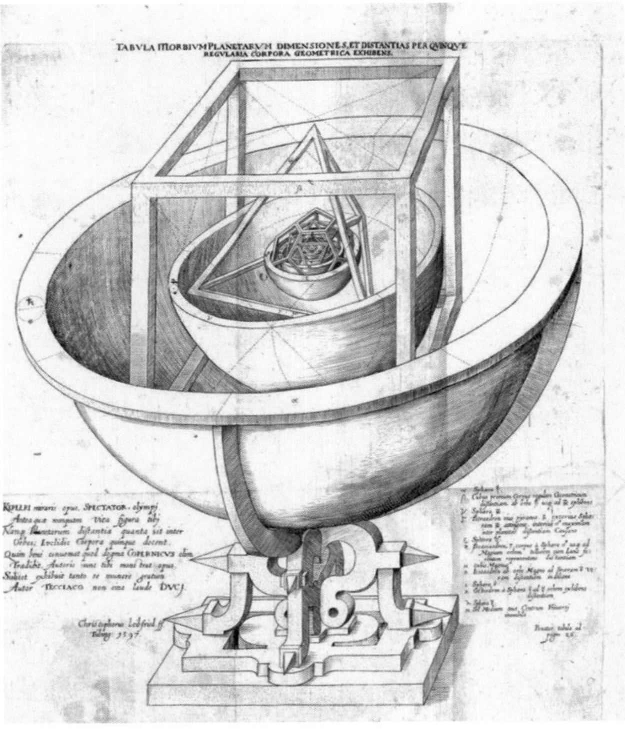

요하네스 케플러(1571~1630)
독일의 수학자이자 점성술사. 덴마크의 천문학자 티코 브라헤의 조수를 거쳐 신성로마제국 루돌프2세의 황실 수학자가 되었다. 케플러는 브라헤의 화성 관찰 기록을 연구해 《신新천문학Astronomia Nova》(1609)을 출간했다. 이 책에서 그는 행성 운동 제1법칙인 '타원궤도의 법칙'과 제2법칙인 '면적속도面積速度 일정의 법칙'을 발표했다.

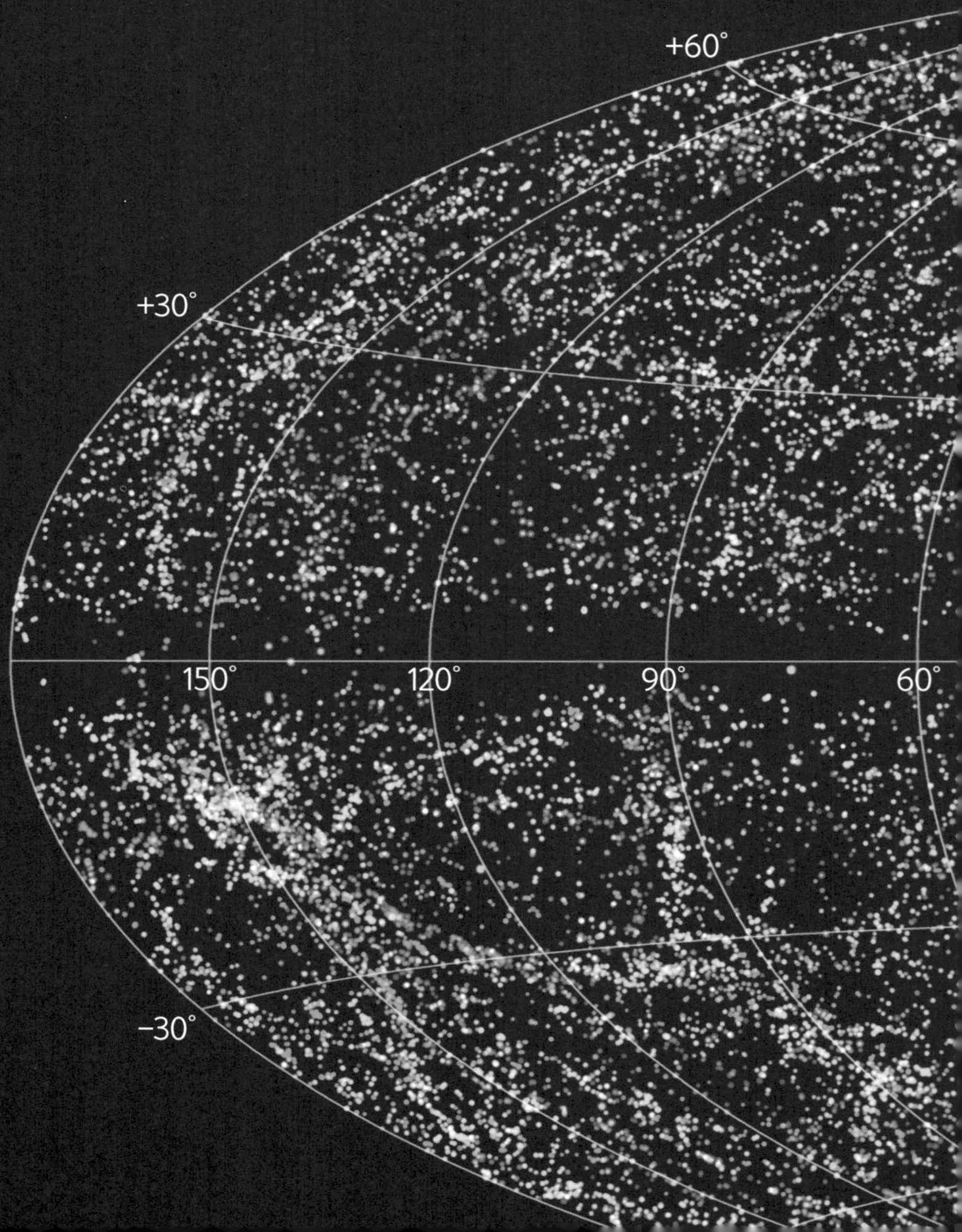
+60°
+30°
150°
120°
90°
60°
−30°

1. 우주지도 만들기

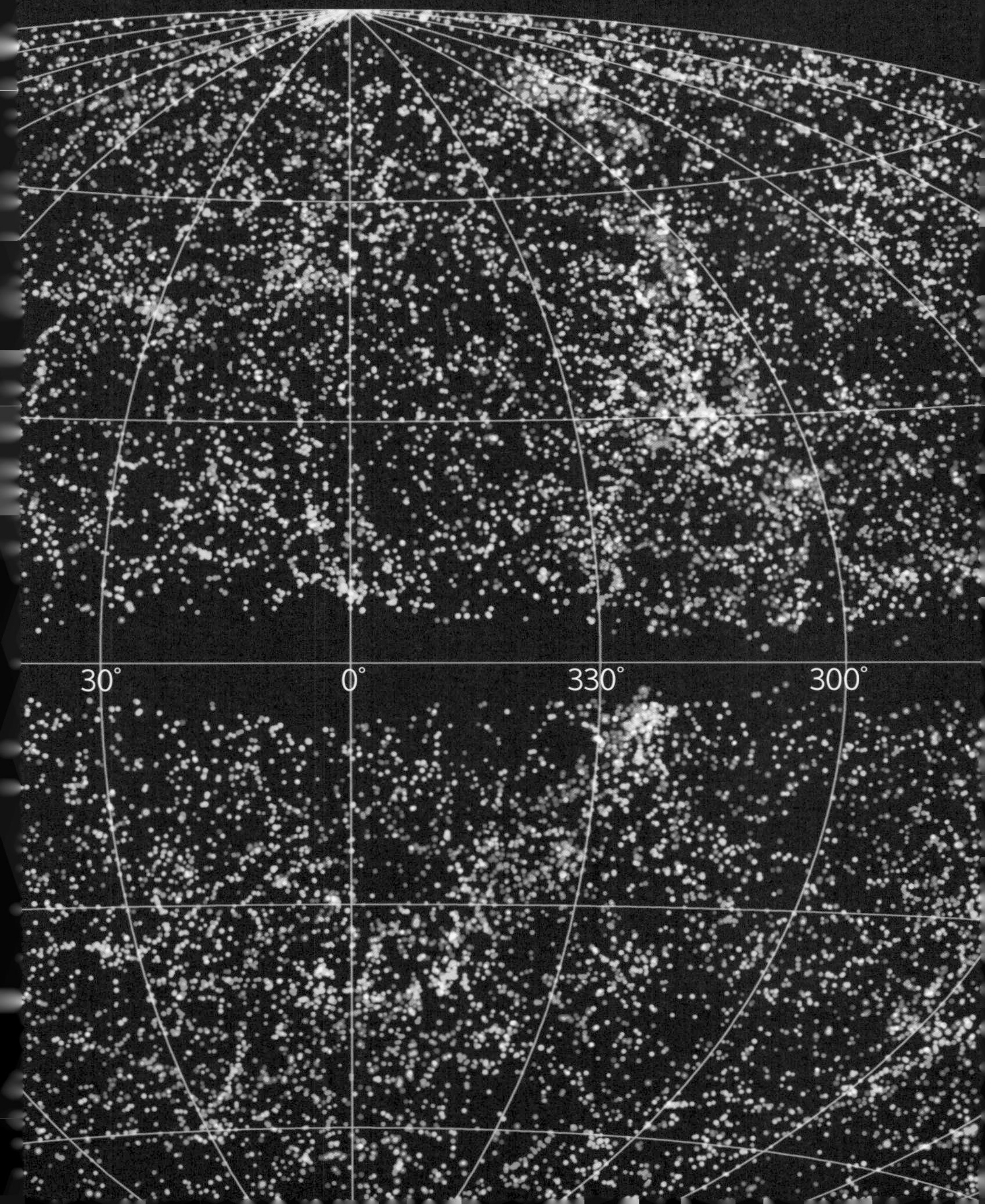

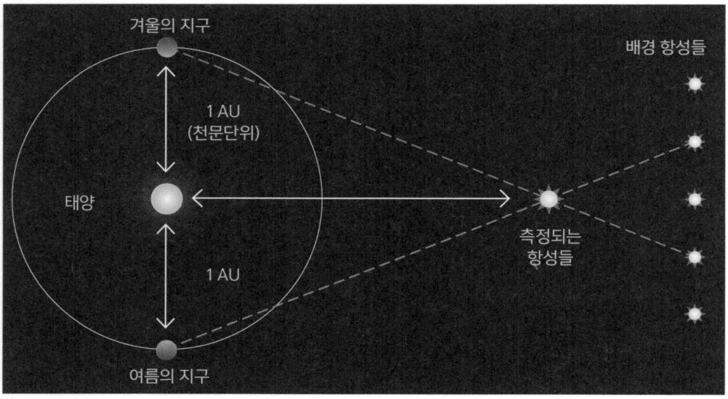

A

A 별의 시차는 지구가 궤도의 한 지점에서 다른 한 지점으로 이동하면서 발생한다. 시차거리 3억 킬로미터 떨어진 곳에서 보면 근처의 별은 방향이 다르게 보인다. 훨씬 더 먼 항성들을 배경으로 할 때 보이는 위치도 달라진다. 그렇지만 우주는 엄청나게 크기 때문에 이 정도의 차이는 가장 가까운 항성들이라 해도 매우 미세한 차이에 불과하다.

'우주의 모양'을 알아내기 위한 현대적 시도는 코페르니쿠스 혁명부터라고 할 수 있다. 지동설로 비로소 천체들이 광활한 공간에서 자유롭게 움직인다는 사실을 알 수 있었기 때문이다. 우주의 중심이라는 신성한 자리에서 지구를 끌어내리고, 비록 일정 기간이지만 태양이 우주의 중심으로 등극한 것이다. 이것은 지구와 다른 행성과의 거리뿐만 아니라 항성들에 중요한 영향을 미쳤다.

> 수백 년 동안 태양중심설, 다시 말해 지동설에 대한 핵심 논쟁거리는 이러했다. 우주 공간에서 지구가 움직이고 있다면, 우리의 시점이 지구 궤도의 한 지점에서 다른 지점으로 바뀔 때 별들의 방향도 반드시 다르게 보여야 한다는 것이었다.

'시차'라고 알려진 이 현상은 우리 일상에서도 매우 빈번하게 나타난다. 한 팔을 앞으로 쭉 뻗고 손가락 하나를 위로 세워보자. 그리고 손가락을 중심으로 왼쪽 눈과 오른 쪽 눈을 번갈아 깜빡인다. 깜빡일 때마다 손가락의 위치가 변하는 것처럼 보인다. 별들로부터 시차 현상을 찾으려 한 천문학자들의 노력은 실패했다. 지동설은 증거가 부족하다는 약점을 극복할 수 없었다.

그렇지만 망원경을 통한 많은 발견들이 이뤄지고 케플러의 행성 운동 법칙을 충족하는 증거들이 쏟아지기 시작하면서, 같은 논리가 정반대로 적용되기 시작했다. 지구가 궤도에서 3억 킬로미터나 다른 위치에 있어도 별들의 방향은 같아 보인다. 이것은 별들이 지구로부터 상상을 초월할 정도로 멀리 떨어져있다는 의미였다.

18세기에서 19세기까지 천문학자들은 시차를 측정하기 위해 끊임없이 도전했다. 이론상으로는 망원경의 성능이 좋아질수록 측정이 쉬워야 했다. 하지만 실제로는 위치천문학(천체의 위치를 측정하는 학문) 분야에서 여전히 극복해야 할 장애물들이 존재했다. 별들은 24시간에 한 번씩 하늘을 돌고, 태양은 뜨고 진다. 그렇지만 우주 공간의 같은 위치에 고정한 채 조금씩 움직이는 별들을 관찰할 수 있는 망원경이 없었다. 따라서 별의 위치를 측정하려면 천구좌표(*천구 상에서 천체의 위치를 나타내는 데 쓰이는 좌표계. 보통 적경과 적위로 이루어지는 적도좌표와 고도와 방위로 이루어지는 지평좌표를 사용한다.) 라는 고정된 격자를 이용할 수밖에 없었다.

별들이 우리 눈에 보이는 것처럼 고정돼 있지 않다는 사실은 비교적 일찍 발견되었다. 별들 대부분이 해마다 혹은 10년이 지날 때마다, 하늘에서 위치가 조금씩 바뀌었기 때문이다. 이것을 고유 운동이라고 한다. 이 운동은 별의 움직임과 태양계의 움직임이 결합해 발생하며, 운동 폭은 별마다 상당한 차이를 보인다. 천문학자들은 이를 이용해 지구와 가장 가까운 별들을 알아냈고, 그를 통해 시차 측정을 시도했다.

B 1915년에 발견한 우리와 가장 가까운 항성인 센타우루스자리 프록시마는 지구와의 거리가 4.25 광년밖에 되지 않는다. 시차가 0.77각초(보름달 지름의 약 2,000분의 1)밖에 안 될 정도로 가까운 거리로, 고유 운동으로 인한 위치 이동은 450년마다 보름달 지름 정도에 불과하다.

C 뒤의 별들을 기준으로 한 센타우루스자리 프록시마의 이동 경로(2010년대 중반). 프록시마의 움직임과 지구의 움직임이 더해진 결과다. 이동 경로 중 보이는 '고리'는 시차에 의한 것이다.

B

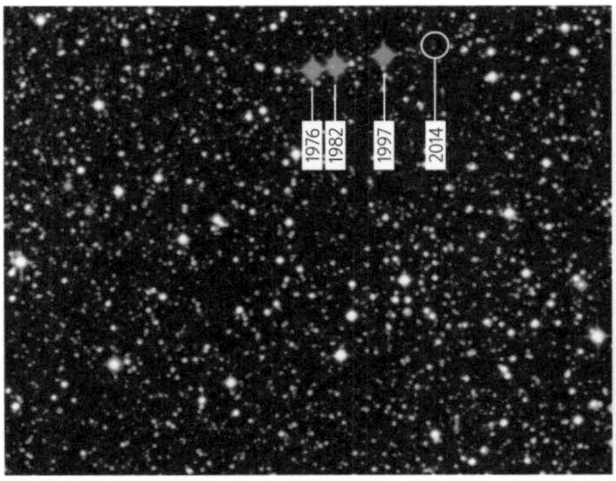

C

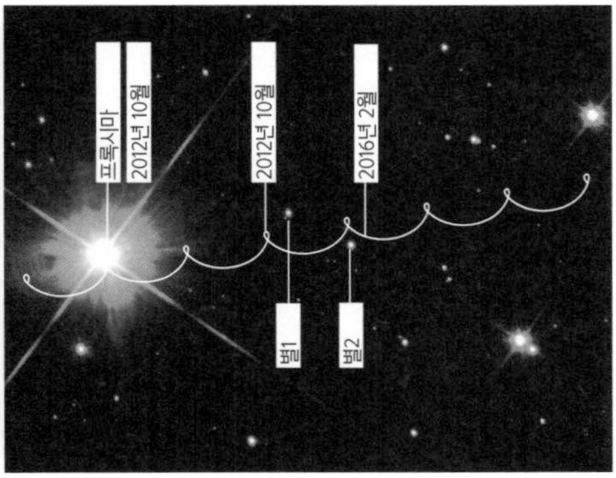

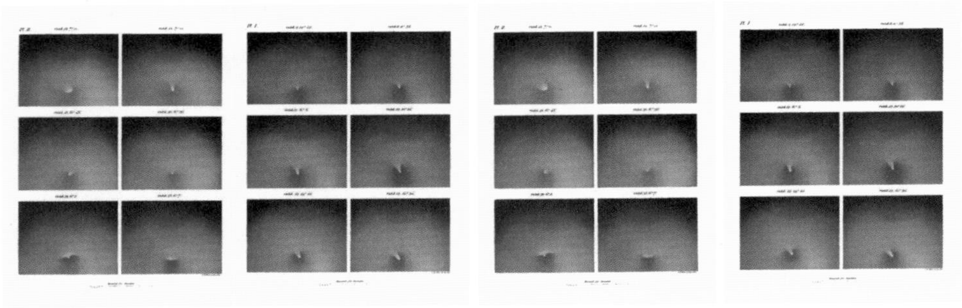

A

실패가 이어지다, 1838년에 이르러서야 프리드리히 베셀Friedrich Wilhelm Bessel이 백조자리61 61 Cygni이라는 별의 시차 측정에 성공했다. 1년 동안 이동한 거리는 1도degree의 1만 1,500분의 1에 불과했지만, 이 별이 지구로부터 100조 킬로미터쯤 떨어져있다는 사실을 확인하기에는 충분한 값이었다.

우주는 일상적인 거리 단위로는 측정 불가능할 만큼 팽창한 적이 있었다.

프리드리히 베셀
(1784~1846) 5,000개 이상의 항성 위치를 정확하게 밝혀낸 독일의 천문학자. 대기에 의한 빛의 굴절, 지구 공전으로 인한 별 방향의 미세한 변화를 계산해 1838년 결국 시차 측정에 성공했다.

도각angular
측정의 단위. 원은 360도, 직각은 90도다. 1도는 60각분, 1각분은 60각초로 나뉜다.

광년 1광년은 진공 상태에서 1년 동안 빛이 이동하는 거리로, 9조 5,000억 킬로미터를 뜻한다.

광도 항성 또는 다른 천체가 발산하는 전체 에너지 양을 태양이 발산하는 에너지 양과 비교한 값이다. 광도 차이는 가시광선의 상대적인 밝기와 비슷하다. 하지만 뜨겁거나 차가운 항성들은 에너지의 대부분을 보이지 않는 자외선이나 적외선 형태로 발산한다.

천문학자들은 '빛'을 기준으로 지구와 떨어진 별의 거리를 측정하는 방법을 받아들였다. 빛은 우주에서 가장 빠른 물질로, 1초에 29만 9,792킬로미터라는 엄청난 속도로 움직인다. 빛이 1년 동안 움직인 거리가 1광년이다. 이 정의에 따르면 백조자리61은 지구로부터 10.3광년light years거리에 있었다.

우주 공간의 거리를 나타내는 또 다른 단위는 파섹이다. 연주시차(*지구가 태양을 중심으로 공전하면서 천체를 바라보았을 때 생기는 시차)의 1초, 즉 연주시차가 1인 거리를 뜻한다. 1파섹은 3.26광년에 해당한다. 현대 천문학자들은 광년보다 파섹(킬로파섹, 메가파섹)을 선호한다. 직접 측정한 단위를 선호하기 때문이다. 그렇지만 이 책에서는 더 익숙한 단위인 광년을 사용할 것이다.

베셀은 시차 측정에 성공하여 모든 항성이 다 같지 않다는 사실을 입증했다. 백조자리61은 비교적 희미한 별이다(육안으로 보면 더 그렇다). 위치가 알려지자 이 별은 본질적으로 태양보다 훨씬 덜 밝은(광도luminous가 낮은) 별이라는 사실이 분명해졌다. 실제로 백조자리61은 '이중성double star'이다. 육안으로 볼 때 2개의 별이 우연히 같은 방향에 놓이거나 인접해 있어, 마치 하나처럼 보이는 별을 말한다. 두 별 중 하나는 다른 하나보다 약간 더 희미하지만 모두 같은 시차를 가진다. 밝기가 차이 나며 같은 거리에 있다는 사실은 이 별들이 서로 물리적으로 다르다는 것을 의미한다. 물리적으로 다르지 않다면 밝기가 같아야 하기 때문이다.

B

이 발견을 비롯해 거의 동시에 이뤄진 다른 발견들이 우주물리학을 태동시켰다. 이는 곧 별들의 움직임에 대한 현대적 이해의 시작이었다. 베셀의 시차 측정은 별의 진짜 특성을 추정하기 위해 고생스럽게 시차 측정을 할 필요가 없다는 사실을 일깨웠다.

A 1835년 핼리혜성이 태양에 근접했을 때 프리드리히 베셀이 그린 그림이다. 베셀은 핼리혜성의 궤도를 새로 계산해 혜성의 태양계 안쪽 진입 시점을 한층 정확하게 예측했다.
B 가깝게 붙어 있는 것처럼 보이지만, 사실 백조자리61의 쌍성간 거리는 해왕성과 태양과의 거리만큼이나 멀다.

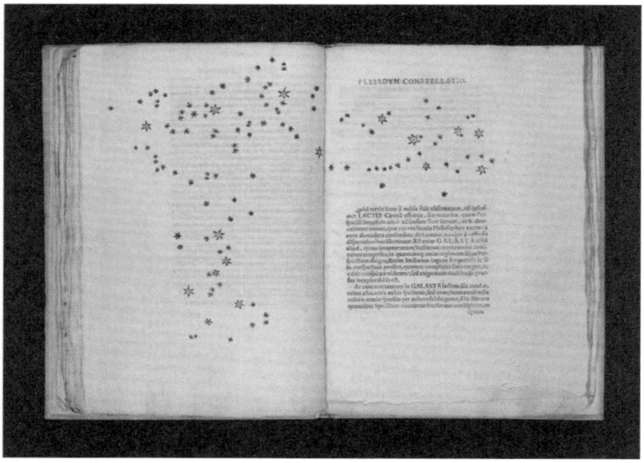

A

갈릴레오 갈릴레이
(1564~1642) 이탈리아의 물리학자이자 천문학자. 네덜란드에서 최초로 망원경이 발명된 직후 직접 망원경을 만들어 천체 관측을 했다. 갈릴레오는 금성이 변화하는 현상과 목성의 위성을 발견하고 태양중심설을 주장했다. 이로 인해 당시 강력했던 가톨릭교회와 마찰을 일으켰다.

우주는 계속 팽창한다. 별이 뿜어내는 빛에 별의 진짜 물리적 특성을 드러내는 단서가 숨어 있다. 에너지 출력의 색깔, 별의 대기 중 존재하는 원소의 흔적 같은 것들 말이다. 이 정도 단서만으로도 별의 진짜 광도를 추측할 수 있으며, 직접 측정하지 않고도 지구에서 보이는 밝기로 별의 거리를 추정할 수 있다. 베셀의 시차 측정으로 천문학자들은 별의 진짜 특성을 추정하기 위해 고생스럽게 시차 측정을 할 필요가 없다는 것을 알게 되었다.

이에 따라 물리학자들은 망원경으로 겨우 보이는 별들이 실제로는 물리적으로 광도가 매우 높다고 인식하기 시작했다. 그런 별들이 태양으로부터 엄청나게 멀리, 심지어 수천 내지 수만 광년 떨어져있다는 사실을 알게 되면서 우리 은하계, 즉 은하수의 실제 크기를 파악하기에 이르렀다.

B

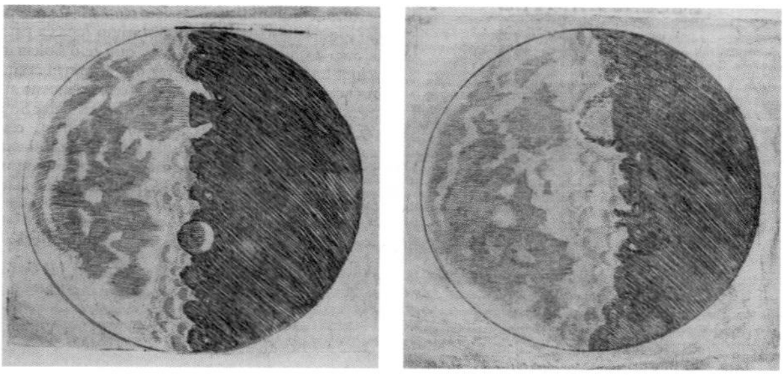

A 갈릴레이는 플레이아데스성단 같은 천체를 관측한 결과를 《시데레우스 눈치우스》(1610)라는 제목의 소책자로 발표했다.
B 갈릴레오의 달 스케치. 분화구와 산을 확인할 수 있다.
C 희미한 띠 모양의 은하에 셀 수 없이 많은 별들이 있다. 갈릴레오의 망원경으로 관찰할 수 없었던 수많은 별들이 구름모양으로 뭉쳐있다.

적어도 어두운 곳에서 본다면, 지구의 밤하늘에서 가장 눈에 띄는 존재는 은하수다. 하늘 전체에 뻗은 희미한 띠로, 가장 밝은 별자리들의 배경이 되기도 한다. 사람들은 아주 오래 전부터 은하수의 존재를 알았고, 이는 경탄의 대상이었다. 갈릴레이Galileo Galilei가 1609년 첫 번째 망원경을 만들었을 때도 분명히 제일 먼저 확인했을 것이다. 이 이탈리아 천재는 눈에 다 담지 못할 만큼 수많은 별들이 우리 은하계에 존재한다는 사실을 발견했다.

천문학자들은 하늘에 별이 분포된 상태 그리고 그것들이 은하수에 어느 정도 몰려 있는지를 관찰하면서 우리 태양계가 별들의 얇은 평면에 박혀 있다는 결론에 도달했다. 이 평면은 깊이보다 폭이 훨씬 크다. 별이 가장 밀집된 지역은 궁수자리 방향이었다. 이 은하의 평면을 가로 질러 관찰했더니 별들이 비슷한 방향으로 서로 포개져 있다는 사실을 알 수 있었다. 또한 별들이 합쳐져 은하수의 구름 부분을 이룬다는 것도 확인할 수 있었다. 그렇지만 평면에서 벗어나면 비교적 지구에서 가까운 몇 안 되는 별들과 그 뒤에 텅 빈 것 같은 어두운 공간만이 보일 뿐이었다.

A

에드윈 허블(1889~1953)
다른 은하들까지의 거리 측정과 우주팽창의 발견으로 유명한 미국의 천문학자다. '허블우주망원경'은 허블의 이름을 딴 것이다.

A 19세기 중반 천문학자들은 먼 곳에 있는 수많은 성운들의 '나선 구조'를 처음으로 확인했다.
B 《오늘의 천문학Astronomy of Today》(1909) 같은 천문학 책이 대중을 사로잡은 시기는 과학적 발견이 많이 일어나던 때와 겹친다.
C 초기 사진들을 보면 가스와 먼지에 싸인 별을 일부 포함하고 있는 성운도 있고, 그저 수많은 별들로만 이뤄진 성운도 있다.

은하수의 크기를 측정하려던 많은 시도들은 폭이 수만 광년이라는 정도밖에 알아내지 못했다. 중심부에 별들이 엄청나게 많이 뭉쳐 있고, 폭이 10만 광년에 이르는 나선 모양이라는 사실은 20세기 들어서야 밝혀졌다. 이제 우리는 지구와 은하 중심과의 거리가 불과 2만 6,000광년이고, 우리 은하계는 태양 400만개를 합친 질량을 가진 거대한 블랙홀 주변을 돌고 있다는 사실을 알고 있다.

20세기가 되자 우리는 우주의 규모에 대해 상당히 많은 부분을 알게 되었다. 그 과정에서 지구의 위치가 매우 보잘 것 없다는 사실도 깨닫게 되었다. 그러나 당시 대부분 천문학자들은 은하수가 우주의 전부라고 믿었다. 광활하고 어두운 진공 상태에서 혼자 떠다니는 별들의 도시쯤으로 생각했던 것이다. 은하수가 어떻게 존재하는지, 그 너머에는 무엇이 있을지를 설명하는 우주 이론은 없었다. 텅 빈 공간은 영원히 지속되는지, 우주 전체는 우리 은하계보다 조금 더 큰 공간에 불과한지에 대한 연구가 없었다.

B

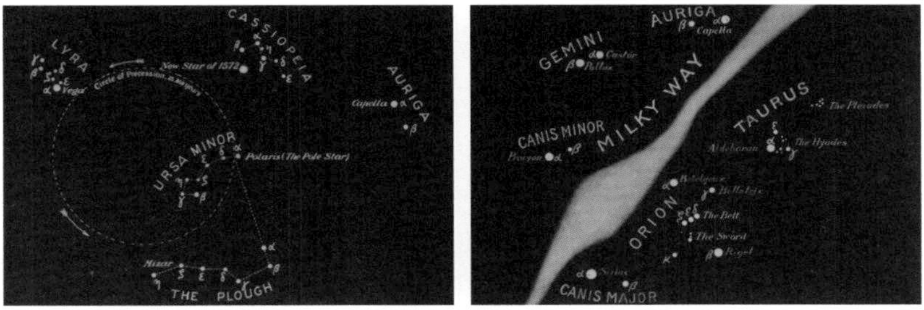

물론 이러한 섬 우주island Universe 이론이 잘못됐다고 주장하는 몇몇 영향력 있는 학자들도 있었다. 그들은 성능 좋은 망원경으로 관찰할 수 있는 신비한 나선 성운 spiral nebulae의 존재를 지적했다. 나선 성운은 희미하고 흐릿한 빛 덩어리로, 바람개비 같은 구조를 가졌다. 기존의 관점은 이 나선들이 다양한 단계를 거치는 새로운 항성 또는 태양계일 수 있다는 것이었다. 이에 반대하는 사람들은 그 생각이 옳다면 이 나선 성운은 기존의 항성들과 비슷한 분포, 그러니까 은하계 평면 안에 위치해야 한다고 반박했다. 그렇지만 대부분의 나선 성운은 하늘에서 별들이 흩어져 없어지면서 진공으로 진입하기 시작하는 부근에서 발견할 수 있었다. 나선 성운은 수백만 또는 수천만 광년 떨어져 존재하는 우리 은하계와 같은 것일까?

나선 성운과 우주의 크기에 관한 천문학 대논쟁The Great Debate은 이후 20년간이나 천문학계를 뜨겁게 달궜다. 1925년 허블Edwin Hubble이 캘리포니아 마운트 윌슨 천문대의 새 망원경으로 크고 밝은 나선을 이루는 각각의 별들을 명확히 볼 수 있는 사진을 찍기 전까지 말이다. 허블은 이들 중 일부의 겉보기 밝기apparent brightness (*지구에서 바라본 천체의 밝기 정도)가 규칙적으로 변한다는 사실도 알아냈다.

C

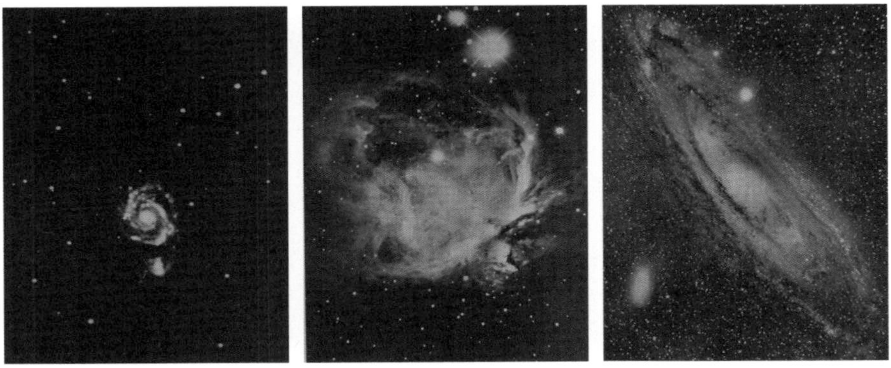

A

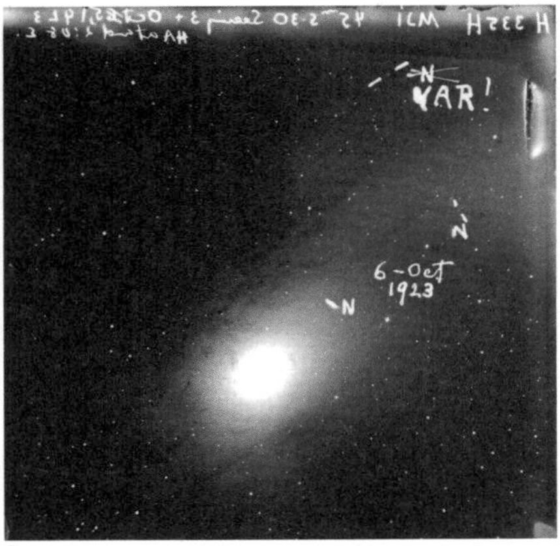

B

이렇게 겉보기 밝기가 규칙적으로 변하는 맥동변광성pulsating stars 유형은 허블 이전에 미국의 천문학자 헨리에타 스완 리빗(1868~1921)이 처음 발견했다. 세페이드Cephelds라고 알려진 이 맥동변광성은 시간에 따라 밝기가 변하는 변광성의 하나다. 밝기 변화는 별의 본질적인 광도와 직결된다. 허블은 나선 성운에서 세페이드를 확인하고, 별들의 실제 밝기를 계산해 지구로부터의 거리를 계산했다. 나선 그리고 그 나선과 연결된 성운이 실제로 하나의 독립적인 은하라는 사실을 확인한 것이다.

그런데 대부분의 은하는 그 안에 있는 각각의 별들을 확인하기에 너무 희미하고, 멀리 떨어져 있었다. 우주는 모든 방향으로 몇억 또는 몇십 억 광년은 더 팽창해 있어야 했다.

코페르니쿠스의 지동설부터 허블의 획기적 업적에 이르기까지, 우주는 수천 킬로미터에서 수십 또는 수백억 광년 팽창해왔다. 그간의 발견들은 지구의 지위를 모든 것의 중심에서, 아주 작은 항성 주위를 도는 미세한 돌 정도로 격하시켰다. 실제로 지구는 우리 은하계에 존재하는 2,000억 개가 넘는 항성 중 하나에 불과하다. 물론, 우리는 이런 관점도 우주 전체의 사소한 일부밖에 보지 못하는 생각이라는 것을 곧 알게 될 것이다. 지금은 우리가 볼 수 있는 한계를 넘어서는, 광활한 3차원 공간 정도로 우주를 이해하는 것에 만족하자.

그렇다면 '우주의 모양은 어떨까'라는 질문은 어떤 의미를 가지는가?

세페이드
이 변광성들은 맥동하는 '황색초거성'이다. 원형별인 세페우스자리 델타에서 이름을 따왔다(그리스 신화에 나오는 에티오피아 왕 세페우스의 이름을 딴 북쪽 하늘의 별자리를 따랐다). 세페이드 변광성은 밝을수록 변광 주기가 길다.

빛의 속도
빛을 포함한 전자기파들은 진공에서 초당 29만 9,792킬로미터로 확산된다. 보통 'c'라는 상수로 표시한다. 아인슈타인의 특수상대성이론에 따르면 빛의 속도는 광원과 관찰자의 상대적인 움직임과 상관없이 일정하고, 우주에서 가장 빠르다. 왜냐하면 질량을 가진 그 어떤 물질도 빛의 속도를 따라갈 수는 없기 때문이다.

이 질문은 이 책을 관통하는 주제다. 또한 우리가 아직 다루지 않은 어떤 '핵심적인 존재'로 인한 질문이기도 하다. 우주가 깔끔한 3차원 그물이 전혀 아니라는 사실 말이다. 우주는 변할 수 있는 존재다. 서로 수직관계를 이루는 것처럼 보이는 선들이 수많은 요인들로 다양한 규모로 합치고 분리되는 것이 우주다. 그 요인 중 가장 중요한 것은 '다량으로 존재하는 물질'이다. 이것은 20세기 초반에 이뤄진 또 다른 획기적 발견의 중심에 있다.

아인슈타인의 상대성이론은 19세기 후반 빛의 속도speed of light가 일정한가에 대한 물리학 토론에서 처음 시작했다. 빛이 놀라운 속도를 가지고 있다는 것은 이미 오래 전부터 알려진 사실이었지만, 빛의 속도에 차이가 있을 거라고는 생각하지 못했다. 광원과 관찰자의 상대적 움직임으로 빛의 속도가 초당 몇 미터 또는 몇 킬로미터의 차이가 난다고 가정해도, 너무 빠르기 때문에 그 차이는 그냥 무시했다. 그러나 물리학자들은 더 정확하게 빛의 속도를 잴 수 있는 방법들을 발견해냈다. 결국, 광원과 관찰자의 상대적 움직임까지 포함한 빛의 속도 차이를 찾았다.

A 캘리포니아 마운틴 윌슨 천문대에서 일하던 에드윈 허블은 당시 세계에서 가장 큰 망원경을 이용해 먼 거리의 은하들을 구성하는 각각의 별들을 포착했다.
B 안드로메다은하 내 세페이드 변광성의 위치를 보여주는 허블의 사진 원판 중 하나. 안드로메다은하는 우리 은하계와 250만 광년 거리에 있는 가장 가까운 대형 은하다.
C 알베르트 아인슈타인의 <취리히 공책> 중 일부. 일반상대성이론에 대한 기본 아이디어가 발전하는 과정을 한눈에 볼 수 있다.

C

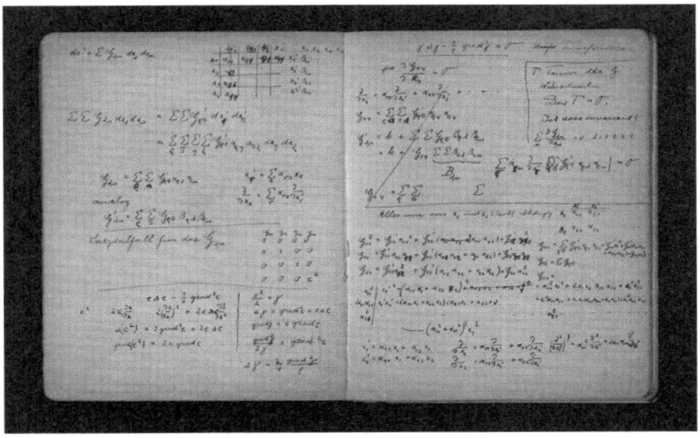

A

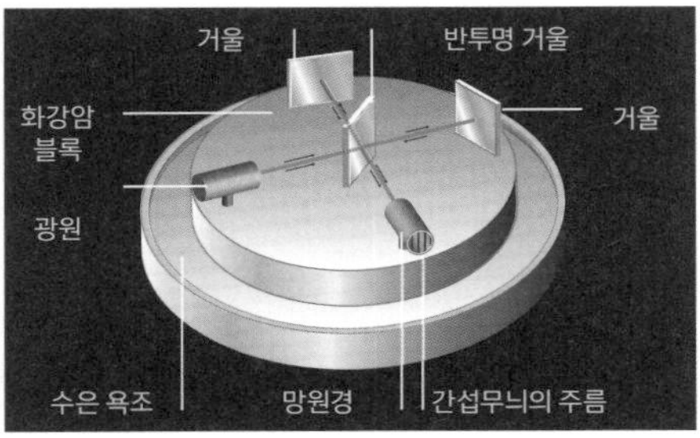

B

A 마이컬슨과 몰리는 오하이오 주 클리블랜드 소재, 현재의 케이스 웨스턴 리저브 대학교 지하 실험실에서 실험을 설계했다. 이 초고감도 장치는 수은을 욕조에 받아 콘크리트 판 위에 설치되었다. 진동과 무작위적인 움직임으로부터 차단하기 위해서다.

B 이 실험은 간섭법interferometry (*2개의 광선 간섭작용을 이용하여 짧은 길이의 광파장 측정이나 스펙트럼 선 등을 해석하는 방법)에 기초를 둔 실험이다. 얇은 광선이 수은을 입힌 반투명 거울 때문에 둘로 갈라져 각각 수직방향으로 나간다. 이 광선들은 거울들 사이에서 앞뒤로 반사되다 접안렌즈에서 다시 합쳐져 간섭무늬를 만든다. 광선의 파장이 어떤 곳에서는 보강되고, 어떤 곳에서는 상쇄되면서 생기는 현상이다. 만약, 빛의 속도가 경로에 따라 변한다면 간섭무늬는 시간이 지나면서 달라져야 한다(지구는 에테르 속에서 '움직이기' 때문에 각각의 광선이 같은 거리를 지나도록 만들어도, 도달하는 시간은 다르다. 그 결과 간섭무늬를 만들어낼 것이다). 이 실험은 광학적 에테르이론을 부정하는 최초의 유력한 증거였다.

그렇지만 빛의 속도 차이는 없었다.
빛의 속도는 광원이 관찰자에게 가까워지든 멀어지든 간에,
초속 29만 9,792킬로미터로 일정했다. 1887년 미국의 과학자
마이컬슨Albert Michelson(1852~1931)과 몰리Edward Morley(1838~1923)는
빛의 속도 차이를 밝힐 역대 최고의 정밀 실험을 설계했다.
하지만 실험은 실패했고, 물리학은 곤경에 빠졌다.

그러던 1905년, 학계에서 인정받지 못하던 아인슈타인Albert Einstein이 혁명적인 과학 논문을 잇달아 발표했다. 그는 과감한 해결 방법들로 어려움에 빠진 물리학을 구했다. 빛의 속도가 일정하다는 증명으로 일대 혁신을 몰고 왔던 것이다. 이 논문들에 실린 특수상대성이론에 따르면 물체와 관찰자가 서로 빛의 속도에 근접하면 2가지 이상한 효과가 나타난다. '움직이는 물체는 짧아 보인다' 그리고 '움직이는 물체에서는 시간이 천천히 흐른다'

알베르트 아인슈타인
(1879~1955) 독일 태생의 천재 물리학자. 그는 '기적의 해'라는 1905년에 베른 특허청 직원으로 일하면서 물리학에 혁명을 불러온 논문들을 썼다. 아인슈타인의 특수상대성이론과 일반상대성이론은 현재도 대규모 우주를 가장 잘 기술하는 개념이다.

상대론적 운동이나 속도가 빛의 속도에 가깝다는 의미.

(빠르게 움직이는 위성과 매우 정확한 원자시계 둘 다에 의존하는 위성 네비게이션 시스템에서는 반드시 고려해야 하는 현상이다).

아인슈타인의 스승이기도 했던 수학자 민코프스키 Hermann Minkowski(1864~1909)는 상대성이론을 처음으로 인정했으며, 완전히 새로운 방식으로 시간과 공간의 개념을 논한 사람이기도 했다. 민코프스키는 '시간'을 3개의 공간 차원과 밀접하게 연결된 또 하나의 차원으로 봐야 한다고 주장했다(3개의 공간 차원과 어떤 형태로든 '직각'을 이룬다고 했다). 특수상대성이론의 효과는 상대론적 relativistic운동을 하는 물체 주위의 차원들이 비틀어지거나 회전하면서, 거리가 짧아지고 시간이 늘어나서 서로를 사실상 '맞교환'한다고 설명할 수 있다.

C 민코프스키 다이어그램Minkowski diagram의 초기 설계는 특수상대성이라는 이상한 효과를 설명하기 위한 것이었다. 초록색 선들은 외부 관찰자의 시각에서 볼 때 길이(수평선) 축과 시간(수직선) 축이 물체가 광속에 가까워지면서 어떻게 '기울어져' 시간이 더 늦게 가고 길이가 줄어드는지 보여준다.

D 빛의 원뿔light cone 은 공간의 차원을 줄여 시간(T) 축과 수직을 이루는 2차원 평면(S)으로 만든다. 물체로부터 뻗어 나오는 위쪽 원뿔(A)은 결국 물체의 빛과 영향이 미치는 영역이다. 아래쪽 원뿔(B)은 물체의 현재 위치를 나타내는 점에 맞닿는다. 또한 물체로부터 탐지되어 다시 물체에 영향을 미치는 시공간 영역을 나타낸다.

D

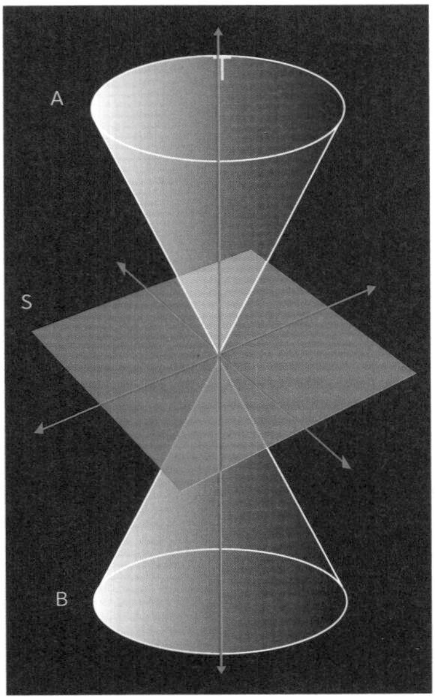

C

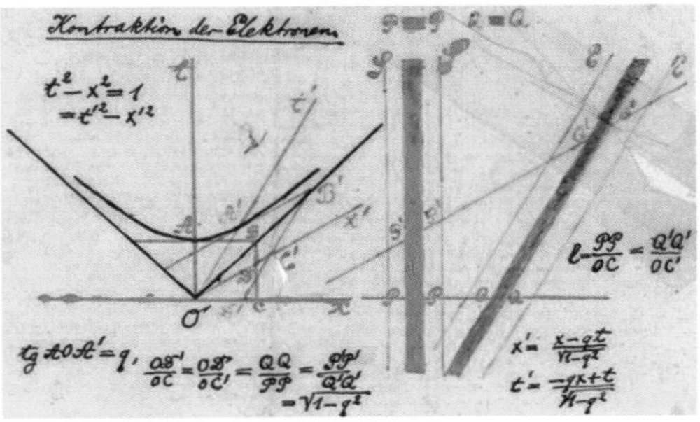

차원들이 휘어지고, 압축되고, 늘려질 수 있는 유동적인 4차원 시공간 다양체spacetime manifold라는 민코프스키의 생각은 이미 증명되었다. 아인슈타인은 그의 이론을 자신이 1915년에 발표한 일반상대성이론의 중심에 집어넣었다. 일반상대성이론은 중력과 가속도에 관한 것이다. 아인슈타인은 중력과 가속도는 유사성을 가진다고 생각했다. 중력장 바깥에서 로켓 모터로 가속되는 우주선에서 일어나는 물리 현상과 행성의 표면에 있으면서 중력의 영향을 받는 우주선에서 일어나는 물리 현상의 구분은 불가능하다. 아인슈타인은 공간의 비틀림을 통해 중력이 작동하기 때문에 이런 유사성이 생긴다는 것을 알게 됐다. 질량이 큰 물체는 공간 차원들을 비틀어 서로 직각을 이루는 이상적인 상태에서 살짝 벗어나게 하고, 물체들을 질량이 큰 쪽으로 이동하게 만들기 때문이다(극도로 밀도가 높은 물체는 시간에도 영향을 미친다).

이것이 바로 우주가 모양을 갖는 방식이다. 우주는 물질로 가득 차 있다. 바로 그 물체들의 질량이 시공간 축을 비틀어 모양을 변화시키는 것이다.

지난 몇십 년 간 천문학자들은 1,000만 광년 떨어진 항성들과 은하단에 영향을 미치는 중력렌즈gravitational lens 효과를 통해 이 현상을 실제로 목격했다. 그렇다면 우주에 존재하는 모든 물체의 질량이 그 주위의 시공간을 비트는 '대규모' 현상은 왜 나타나지 않는 걸까?

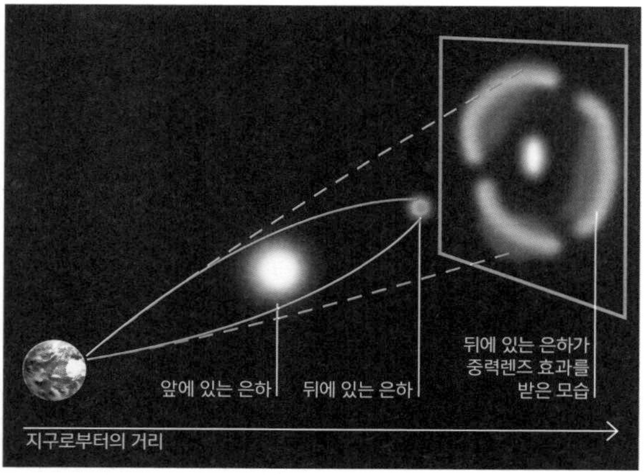

A

A 중력렌즈 효과에서는 더 멀리 있는 물체로부터 나온 광선이 더 가까운 곳에 있는 거대한 물체 주위의 비틀린 시공간 때문에 지구에 이르는 새로운 경로로 굴절된다. 관찰자 시각에서 보면 중력효과를 받은 물체는 앞에 있는 물체를 둘러싼 비틀어진 고리로 보인다.
B 중력효과를 받은 은하들을 허블우주망원경으로 관찰한 모습. 은하들의 다양한 모양과 중력렌즈 효과의 강도로 앞에 있는 물체의 질량 분포를 알 수 있다.
C 허블우주망원경 미광 천체 카메라가 중력렌즈를 확대한 이미지.

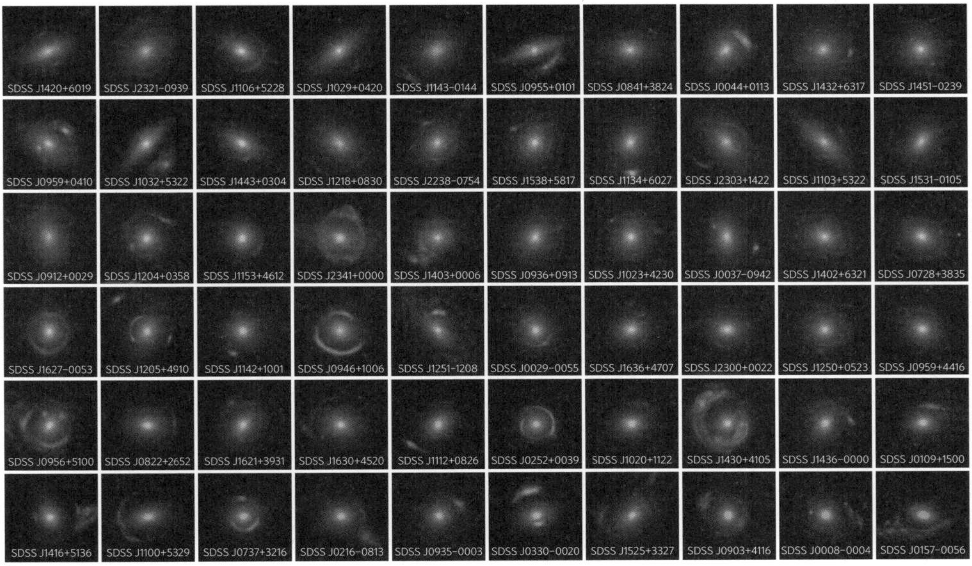

B

중력렌즈 효과
멀리 있는 물체에서 나오는 빛이 관찰자와의 사이에 있는 거대 물체 주위의 뒤틀린 시공간을 통과하면서 물체의 이미지가 왜곡되는 현상.

C
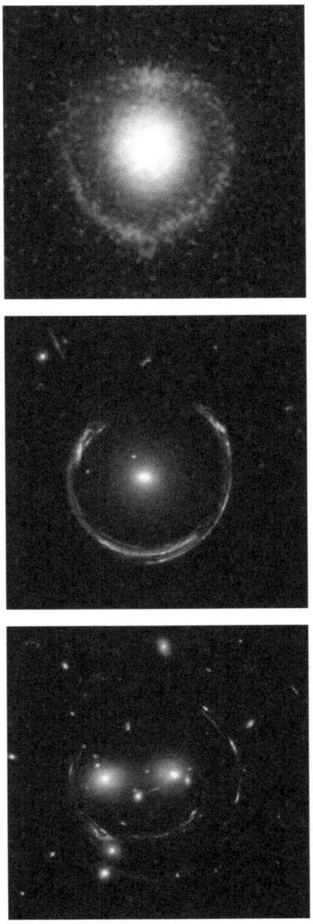

공간을 비틀려면 얼마나 많은 질량이 필요한지, 실제로 우주에 존재하는 물체의 질량에 비하면 어느 정도의 질량일지, 공간이 비틀어지면 우주는 어떤 모양이 될 것인지가 중요한 문제다. 이것을 살펴보기 전에 고려해야할 매우 중요한 요인이 하나 있다. 바로, 우주는 정적이지 않으며 팽창한다는 사실이다.

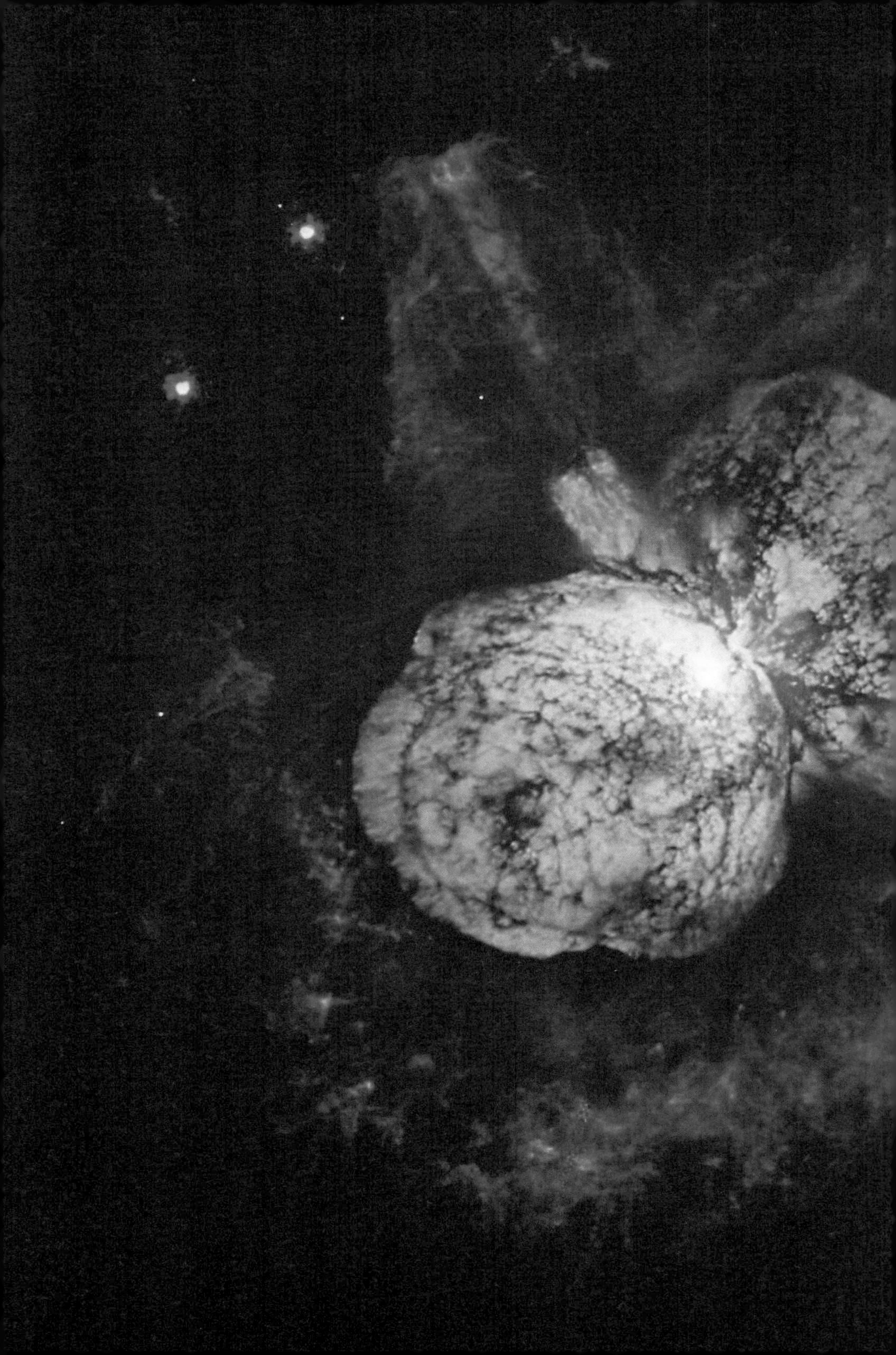

2. 팽창하는 우주

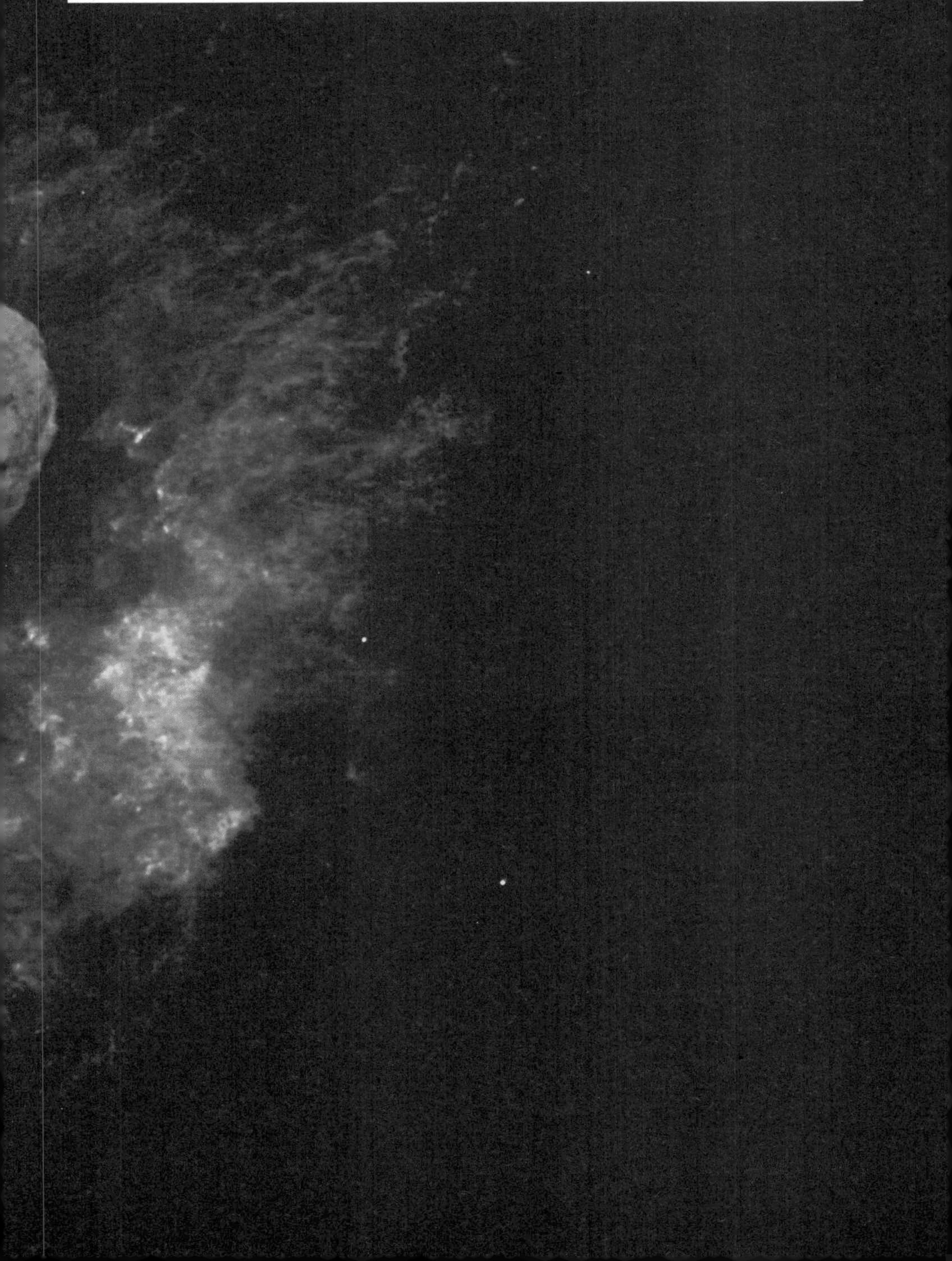

A

우리 우주가 팽창한다는 사실은 우주의 모양에 대한 담론의 기본 법칙을 완전히 뒤바꾼다.

우주에서 물질과 질량의 집중도는 시간이 갈수록 옅어진다. 따라서 물질을 둘러싼 공간을 왜곡하는 능력도 줄어든다. 그렇다면 우주가 진짜 팽창하고 있는지는 어떻게 알 수 있을까? 왜 그런 일이 일어날까?

베스토 슬라이퍼(1875~1969) 미국의 천문학자. 광 스펙트럼을 이용해 은하의 운동을 측정하고, 행성의 대기와 자전 연구 방법을 개척했다.

아이작 뉴턴(1643~1727) 17세기 과학 혁명Scientific Revolution을 대표하는 상징적인 인물이자 영국의 물리학자, 천문학자, 수학자. 수학에서는 미적분을, 물리학에서는 뉴턴 역학과 만유인력의 법칙을 창시했다.

프리즘 쐐기모양으로 생긴 광학 렌즈. 빛의 서로 다른 파장들을 굴절시켜 다른 경로로 보낸다.

스펙트럼 광선을 분산시키거나 회절시켜 파장과 색깔에 따라 분리한 빛의 띠.

파장 파동에서 연속되는 최고 높이 사이 또는 최저 깊이 사이의 거리.

우주 팽창의 최초이자 가장 중요한 증거는 1925년 에드윈 허블이 우리 은하 너머에 있는 또 다른 은하의 존재를 확인하기 전에 이미 발견했다. 슬라이퍼Vesto Slipher가 1912년 애리조나 주 플래그스태프에서 하늘의 신비한 '나선 성운'을 발견한 것이다.

슬라이퍼는 분광기라는 광학 장치로 성운을 분석했다. 분광기는 망원경으로 들어온 희미한 빛을 쪼개 파장과 색깔에 따라 다른 경로로 쏘는 장치다. 이런 식으로 빛을 쪼개는 원리는 1660년대 뉴턴Isaac Newton이 처음 선보였다. 뉴턴은 하얗게 보이는 태양광을 얇은 빔으로 만들어 유리 프리즘prism에 통과시켜 무지개 같은 스펙트럼spectrum을 만들었다.

별에서 나오는 빛을 포함한 대부분의 자연광은 수없이 많은 색깔들로, 비슷하게 구성된다(물체마다 전체적인 색깔이 다른 것은 다른 파장wavelengths들로 방출되거나 반사되는 '에너지의 분포'가 다르기 때문이다). 그러나 별에서 나오는 빛은 너무 희미해서 망원경으로 모은다고 해도 확인 가능한 항성 스펙트럼을 만들기에 충분하지 않았다. 상황이 바뀐 것은 19세기 중반, 빛의 흔적을 몇 분에서 몇 시간 동안 흡수해 중요한 정보를 저장하는 사진 건판이 발명된 이후였다.

A 나선 은하인 아프 274(Arp 274)는 상호작용하는 은하들이 밀접하게 연결된 것처럼 보인다. 실제로는 중심 은하가 다른 은하들보다 더 빠른 속도로 지구에서 멀어지고 있고, 훨씬 더 멀리 있다(*성운은 성간 물질과 수소로 이뤄진 구름, 은하는 항성, 밀집성, 성간 물질, 암흑 물질 등이 중력에 의해 묶여져서 이루는 거대한 천체들의 무리이다).

B 아이작 뉴턴 《광학Opticks》(1704)의 일부. 반사, 굴절, 흰색 빛 안의 다른 색깔들의 존재 등을 비롯한 빛의 중요 성질을 설명하고 있다.

B

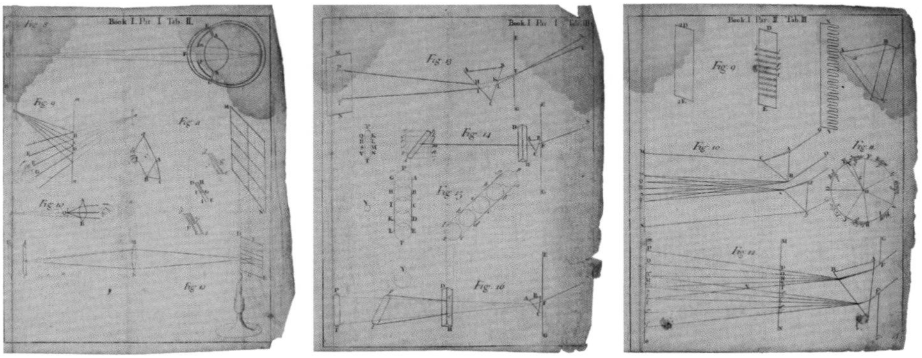

A

B

A 사업가이자 아마추어 천문학자인 퍼시벌 로웰은 플래그스태프에 '로웰 천문대'(1894)를 세웠다.

B 베스토 슬라이퍼는 로웰 천문대에서 일한 수많은 재능 있는 천문학자 중 한 명에 불과했다.

C 3개의 서로 다른 별의 스펙트럼. 위에서부터 뜨거운 청색거성, 태양 같은 항성, 희미한 갈색왜성. 이런 차이는 각각의 항성이 뿜는 빛의 주요 색깔뿐만 아니라 각 항성의 대기에 존재하는 원소들 때문에 나타난 어두운 흡수선에도 영향을 미친다.

D 우리 항성인 태양의 자세한 스펙트럼.

슬라이퍼의 분광기는 희미한 나선 성운의 빛에서 스펙트럼을 만들어 사진 형태로 잡아냈다. 뉴턴의 프리즘과 기본적으로 같은 원리였다. 그 결과 중요한 발견을 이끌어냈다. 이 성운들의 빛이 항성과 비슷한 스펙트럼을 만든다는 사실이었다. 이는 성운nebula이 항성들 사이에서 이글거리는 가스 구름이 아니라는 사실을 의미했기 때문에, 그 자체로 주목을 받았다(확실히 가스가 많이 찬 성운들도 발견된 상황이었지만, 이 성운들은 매우 특정한 파장에서만 빛을 발산했다. 실험실에서 실험할 때 원소가 타면서 방출하는 빛의 파장과 비슷했다). 나선 성운은 수없이 많은 각각의 항성들이 모여 형성된 것처럼 보였다. 다만, 그 항성들이 서로 너무 멀리 떨어져 있어서 희미한 덩어리에서 개별 항성들의 구별이 불가능했던 것으로 보인다.

이와 더불어 살펴야 할 중요한 점이 있었다. 바로 은하가 빛을 발산하지 않는 지역이었다. 태양과 다른 항성들의 스펙트럼에서 볼 수 있는 특정 파장이 이 성운들에서 나온 빛에는 없었다. 그로 인해 스펙트럼의 특정 부분에 검은 선이 나타났다.

천문학자들은 19세기 중반부터 이 검은 선들이 생기는 원인을 알고 있었다. 아래로부터 빛을 흡수하는 항성의 대기atmosphere 상층부에 있는 가스 원자들 때문이었다. 특정 원소는 특정 색깔을 흡수하기 때문에 광선이 통과한 물질에 흡수된다. 스펙트럼 상에 보이는 검은 선인 흡수선absorption lines은 이때 화학적 지문으로 작용하고, 이 별들이 포함하는 원소들을 알아낼 수 있다는 사실도 알고 있었다.

이런 스펙트럼 선spectral lines의 발견은 항성이 우주에서 움직이는 방식을 분석하는 새로운 길을 열었다.

모든 항성은 움직인다. 때문에 떠다니는 항성의 고유 운동proper motion은 여러 해 동안 관찰하지 않으면 감지하기가 불가능하다. 또한 항성까지의 거리가 시차 측정을 통해 정확하게 알려졌을 때에만 고유 운동의 측정이 가능하다. 그러나 항성이 우리 시선에서 멀어졌다 가까워졌다 하는 시선 운동radial motion을 하면 아주 작은 움직임이라도 잡아낼 수 있는 수단이 있다. 잘 알려진 도플러 효과doppler effect를 이용한 방법이다.

C

D

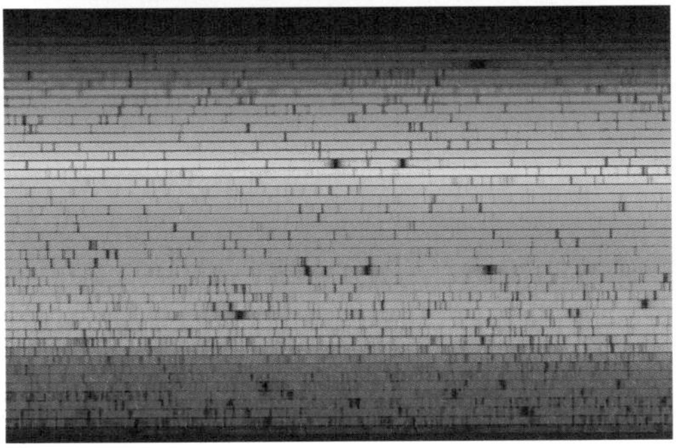

성운 '구름'을 뜻하는 라틴어에서 따왔다. 과거부터 별이 아닌 흐릿한 물체들을 뜻했으나, 한때 성운으로 분류되던 많은 물체들이 현재는 먼 거리에 있는 은하로 판명되었다. 현재는 항성 간 가스와 먼지를 가리키는 말로 의미를 좁혀서 사용한다.

대기 항성은 거대한 가스덩어리다. 항성의 대기는 눈에 보이는 빛나는 표면(광구) 위에 있는 투명한 바깥층을 뜻한다.

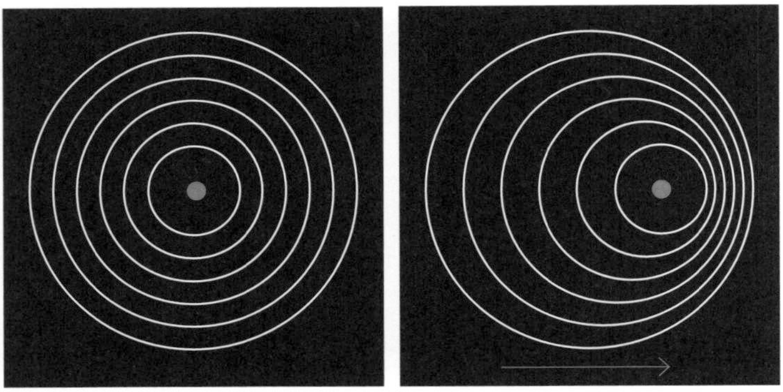

A

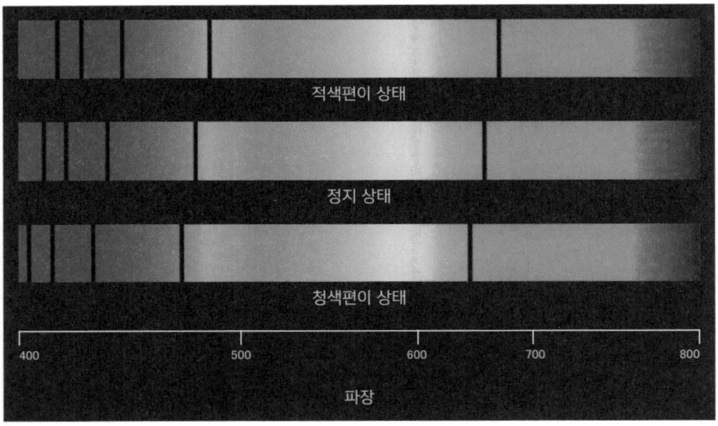

B

A 도플러 편이를 이해하는 방법 중 하나. 정지된 광원(왼쪽)이 모든 방향으로 골고루 퍼지는 파두를 가진 빛을 발산한다. 광원이 움직이면 파두는 광원이 움직이는 방향으로 압축된다(짧아진다). 그리고 반대 방향으로는 늘어나거나 길어진다.

B. 적색편이와 청색편이에 따른 항성이나 은하의 전체적인 빛 출력 차이는 보통 감지할 수도 없고, 정량화하기도 힘들다. 하지만 흡수선은 위치가 정밀하게 정해지기 때문에 변화를 측정하기 쉬워서 물체와 지구와의 상대적인 거리가 변하는 시선 속도를 알 수 있다.

C 불안정한 극대거성 용골자리 에타Eta Carinae. 에타는 스펙트럼 선의 분명한 편이가 밀접하게 묶인 쌍성이라는 사실이 드러내기 전까지 오랫동안 하나의 거성으로 생각했다. 이 쌍성은 태양의 약 50~100배에 이르는 질량을 가지고 있다.

도플러 효과는 1842년 오스트리아의 물리학자 도플러Christian Doppler(1803~1853)가 처음 발견했다. 사이렌을 울리며 지나가는 구급차로부터 들리는 사이렌소리의 높낮이가 변하는 현상을 예로 든 설명은 유명하다. 음원이 사람에게 다가올 때 사람에게 관찰되는 소리의 주파수는 음원이 내는 소리의 주파수보다 짧고, 음원이 사람으로부터 멀어질 때 사람에게 관찰되는 소리의 주파수는 구급차가 내는 주파수보다 길다. 빛의 속도 자체는 일정하지만 비슷한 효과에 의해 별빛의 색깔이 변한다. 다시 말해, 별이 우리 쪽으로 움직이면 별빛은 보통 더 파랗게 보인다(파장이 짧아진다). 반면, 별이 멀어질 때는 보통 더 붉게 보인다(파장이 늘어난다).

그러나 도플러 효과는 애초에 우리가 별과 같은 광원의 색깔을 알 수 있을 때, 그러니까 광원이 시선 운동을 전혀 하지 않고 있을 때에만 유용한 방법이다. 흡수선이 역할을 하는 지점이 바로 여기다. 별의 색깔은 천차만별이지만, 특정 원소와 관련한 어두운 선의 정밀한 패턴은 특정한 파장에 고정된다. 이 패턴이 흐트러져 스펙트럼의 빨간색 끝 쪽이나 파란색 끝 쪽으로 치우친다면, 분명히 도플러 효과 때문이다.

별빛의 청색편이와 적색편이를 측정할 수 있게 되면서 항성을 이해할 수 있는 길이 활짝 열렸다. 이로 인해 하늘에서 가깝게 묶인 것처럼 보이는 수많은 항성들이 실은 서로를 중심으로 궤도 운동을 한다는 것을 확인할 수 있었다. 겉으로는 하나의 항성으로 보인 별들의 흔들림과 분리가 실제로는 이 별들이 가깝게 묶인 쌍성binary이기 때문에 나타나는 현상이라는 사실도 알게 되었다. 현재는 동일한 기본 기법이 더욱 정교하게 발전하여, 많은 항성들 주위로 아주 미세한 흔들림을 일으킬 수 있을 정도의 질량을 가진 거대 행성들이 돌고 있다는 사실이 추가로 밝혀졌다.

c

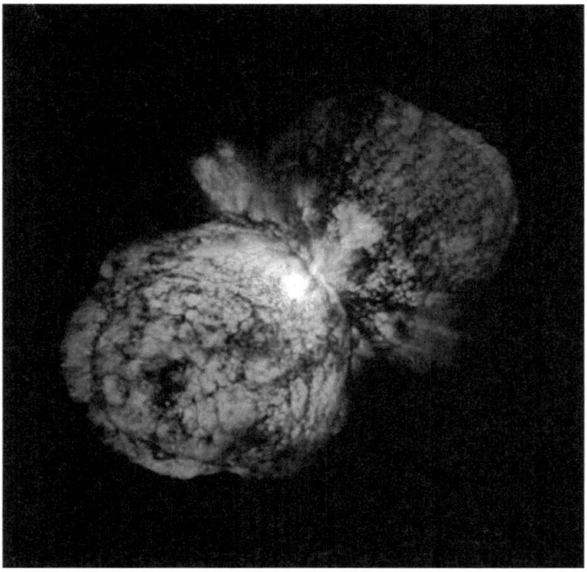

쌍성 2개의 항성이 서로를 중심으로 궤도 운동을 하는 항성계를 말한다. 우리 은하계에 있는 항성 대부분은 쌍성계 또는 구보다 복잡한 다중성계에 속한다. 우리 태양은 드물게 단독 항성에 속한다.

A

B

그런데 슬라이퍼에게 있어 나선 성운들의 도플러 편이는, 일종의 수수께끼였다. 이는 그때까지 관찰된 항성들의 편이보다 전체적으로 더 대규모인데다, 모두 같은 방향이었기 때문이다. 전부 스펙트럼의 빨간색 끝 쪽을 향하고 있었다. 다시 말해, 이 성운들이 지구로부터 멀어지고 있다는 뜻이었다.

아서 에딩턴(1882~1994)
영국의 우주물리학자. 항성 운동을 이해하는 데 획기적인 업적들을 많이 세웠다. 에딩턴은 항성 내부에서 작용하는 힘들, 항성의 질량과 에너지 출력 사이의 관계를 최초로 증명했다.

A. '안드로메다은하의 모양' 때문에 나선 성운이 형성 과정 중에 있는 태양계일지도 모른다고 생각하는 천문학자들도 있었다.
B. 하지만 많은 나선 성운들의 중심부가 막대기처럼 생긴 것을 보면 태양이 새로 태어난다고 생각하기는 쉽지 않았다.
C. 1919년 일식을 담은 이 2장의 사진은 태양 근처 항성들의 위치를 찾으려고 했던 아서 에딩턴이 찍은 것이다.

성운들의 빠른 속도를 보고 슬라이퍼를 포함한 여러 학자들은 이 성운들이 우리 은하와 연결된 방식에 대해 새로운 결론에 도달했다. 일반적인 항성들과 우리 은하가 연결된 방식과는 다르다고 확신했던 것이다. 대부분 항성들의 도플러 편이가 기껏해야 초당 몇 미터 수준으로 지구에서 가까워지거나 멀어지는 운동을 하는 반면, 이 성운들은 초당 수백 킬로미터 수준으로 멀어지고 있었다. 이 정도면 은하의 중력장에서 벗어나기에 충분하고도 남을 속도로 보였다.

이 성운들이 형성 과정에 있는 태양계였다면 모두 왜 그렇게 빠른 속도로 움직였을까? 이 질문에 대한 답을 찾아낸다 해도, 또 다른 궁금증이 생긴다. 그렇다면 우리 쪽으로 빠르게 움직이는 청색편이 성운은 어째서 하나도 없었을까?

C

D

슬라이퍼는 이 적색편이 현상이, 나선 성운이 우리 은하를 훨씬 넘어서 존재하는 별도의 은하계라는 증거라고 주장했다. 그렇지만 그때는 허블의 발견 훨씬 전의 일이었다. 그 사이 우리는 우주의 속성에 대한 혁명적 변화를 경험하게 된다. 바로 아인슈타인의 일반상대성이론의 등장이었다.

제1차 세계대전 중에 독일 과학 저널에 발표된 아인슈타인의 이론은 에딩턴Arthur Eddington이 그 진가를 알아보기 전에는 학계에서 인정받지 못했다. 1919년 아프리카 서안 프린시페 섬에서 일식을 관찰하던 에딩턴은 태양 가까이 있는 항성들의 위치에 변화가 생겼다는 사실을 발견했다. 앞에서 언급한 중력렌즈 효과 때문이었다. 곧 많은 이론물리학자들은 아인슈타인 이론에 대해 자세하게 파고들었고, 하나의 문제에 집중해 연구하기 시작했다.

일반상대성이론에서 제시하고 중력렌즈 효과가 이를 확실히 증명한 것처럼 커다란 질량 덩어리들이 스스로를 왜곡한다면, 우주는 왜 붕괴하지 않았을까? 우주의 크기가 변하지 않고 있으며, 영원한 수명을 가지고 있다는 것이 당시 천문학자들의 일반적인 생각이었다. 따라서 상대성이론이 맞는다면, 중력은 분명히 모든 물질을 끌어당겨 시간과 공간과 함께 이미 아주 오래전에 없어졌어야 하는 것 아닌가?

A

이 궁금증을 해결하기 위해 아인슈타인은 자신의 장 방정식field equation에 항을 하나 추가했다. 일반상대성이론에서 중력, 질량 그리고 왜곡되는 시공간 사이의 관계에 관한 숫자들을 넣은 수학적 모델이다. 우주 상수cosmological constant로 알려진 이 항은 중력이 안으로 끌어들이는 힘에 저항하는 일정한 '음의 압력'을 만들고 시공간 규모를 그대로 유지하는 역할을 한다. 나중에 아인슈타인은 이 항의 추가가 실수라고 했다. 물론 아인슈타인은 이 항이 20세기 후반에 되살아나, 우리가 3장에서 다룰 신비한 암흑에너지dark energy에 대한 설명에 사용하리라고는 생각하지 못했을 것이다.

장 방정식과 씨름을 하던 우주학자들은 특수한 상황에서 시공간을 설명할 수 있는 흥미로운 해결 방법을 찾았다. 하나는 우주 공간에 무한대로 밀도가 높은 지점들이 아인슈타인이 제시한 우주 모형에 존재할 이론적 가능성을 포함하고 있다는 것이었다. 바로 특이점singularity이었다 (이는 현재 우리가 블랙홀black hole이라고 부르는 모든 물체의 중심점을 말한다). 또 다른 하나는 1922년 프리드만Alexander Friedmann의 생각으로, 장 방정식은 우주 팽창을 전제한 방정식이기 때문에 우주 상수가 처음부터 있을 필요가 없다는 접근이었다.

블랙홀 무한대의 밀도를 가진 질량 덩어리. 엄청난 중력으로 가까이 있는 모든 것을 끌어당기며 빛도 블랙홀을 통과할 수 없다.

알렉산드르 프리드만
(1888~1925) 러시아 수학자, 물리학자. 아인슈타인의 일반상대성이론에서 우주를 관찰한 특징을 유지하면서 가질 수 있는 모양들을 기술하는 방정식을 만들었다.

조르주 르메트르
(1894~1966) 벨기에 천문학자. '빅뱅이론'을 처음 만들어낸 사람으로 인정받고 있다. 현재 허블의 법칙으로 알려진 내용을 허블보다 먼저 예측했다. 우주가 팽창한다는 이론을 지지해 처음에는 아이슈타인과 갈등을 빚었다. 아인슈타인에게 "당신의 계산은 정확하지만 당신의 물리학은 끔찍하다"라는 비난을 받은 것은 유명한 일화다.

프리드만의 주장은 당시에는 희한한 생각이라는 취급을 받았다(과학 이론의 황금률은, 새로운 접근 방법을 뒷받침하는 증거가 나타나지 않는 한 최대한 간단해야 한다는 것이다. 프리드만은 자신의 생각을 증명하지는 못했다). 그렇지만 몇 년 후인 1927년 르메트르Georges Lemaître는 이 문제를 다시 다뤄 성공적인 결과를 냈다. 그는 아인슈타인의 방정식에서 얻은 결론과 동일한 결론을 내리고, 실제 관찰을 통해 결과를 확인할 수 있을 거라고 주장했다. 우리가 더 멀리 우주를 볼수록 우주의 물체들은 더 빠르게 우리로부터 멀어진다는 가설이었다.

왜인지는 모르지만, 우리 우주가 특이해서가 아니라 은하들이 팽창하는 우주 전체에 여기저기 흩어져 있기 때문이다. 그렇다면 은하의 운동은 일반적으로 케이크를 만들 때, 반죽이 부풀어 오르듯 필연적으로 팽창한 결과다. 각 광년 또는 파섹에 해당하는 공간은 일정한 속도로 팽창하고 있기 때문에 더 멀리 우주를 볼수록, 더 많은 팽창 효과를 탐지해낼 수 있다.

B

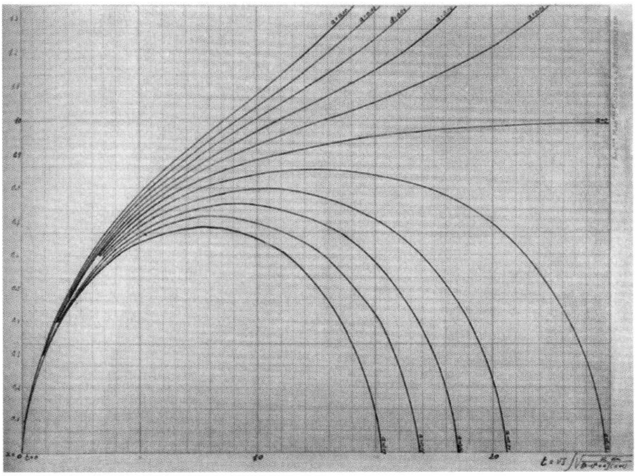

A. 블랙홀이 주변에 있는 시공간을 왜곡해 주변 위를 지나가는 빛에 중력렌즈 효과를 일으키는 장면을 컴퓨터 시뮬레이션으로 만들었다. 이 3장의 이미지는 항성질량 블랙홀 stellar-mass black hole 한 쌍이 서로 접근해 합쳐지는 과정을 담고 있다. 항성질량 블랙홀이란 무거운 별의 마지막 일생에서 중력붕괴로 인해 생성된 블랙홀을 말한다.

B. 조르주 르메트르는 1927년 논문에서 아인슈타인의 장 방정식을 풀 수 있는 다양한 방법을 제시했다. 각각의 방법은 시공간의 진화와 우주의 미래에 대한 서로 다른 결과를 보여준다.

흔히 우주를 '은하들이 풍선의 표면에 있는 점'과 같다고 빗댄다. 풍선이 팽창하면 점들은 서로 멀어지고 점 사이의 거리도 늘어나며, 가장 멀리 떨어진 두 점 사이의 거리는 가장 빠른 속도로 늘어난다는 비유다.

1929년 허블이 은하계를 연구하면서 발견한 사실이 바로 이것이었다. 세페이드 변광성들의 밝기에 기초해 은하 사이의 거리 추정치를 계산해낸 허블은 이 결과를 동일한 은하의 적색편이 측정치와 비교했다. 계산은 허블의 동료 휴메이슨Milton Humason(1891~1972)이 했다. 그 결과로 나온 그래프는 은하의 거리와 적색편이 사이의 관계를 분명하게 보여준다.

그러나 이 측정치는 아주 대략적인 관계만을 보여준다. 은하계 운동은 근처에 있는 다른 은하계들의 중력에도 영향을 받는다. 이런 사실은 거리가 늘면 적색편이가 늘어나는 정확한 속도 추정치가 매우 크게 달라질 거라는 예상을 불러일으켰다(바로 이것이 먼 우주로부터 오는 빛의 적색편이는 거리에 비례한다는 허블의 법칙Hubble constant이다).

A 1931년 밀턴 휴메이슨(사진 제일 왼쪽)과 에드윈 허블(왼쪽에서 두 번째) 마운트 윌슨 천문대를 방문한 아인슈타인과 도서관에서 포즈를 취하고 있다.

B 적색편이와 은하 거리 추정치 사이의 관계를 보여주는 허블의 1929년 그래프.
거리 단위는 메가파섹(1메가파섹은 326만 광년)이다.

C 1931년 허블과 휴메이슨은 은하 거리 추정을 더 먼 은하로 확대했다.

D 가까운 우주의 대규모 은하 분포 지도. 슬로언 디지털 스카이 서베이의 데이터에 기초했다. 적색편이가 거리에 비례한다는 이론에 따른 지도다.

A

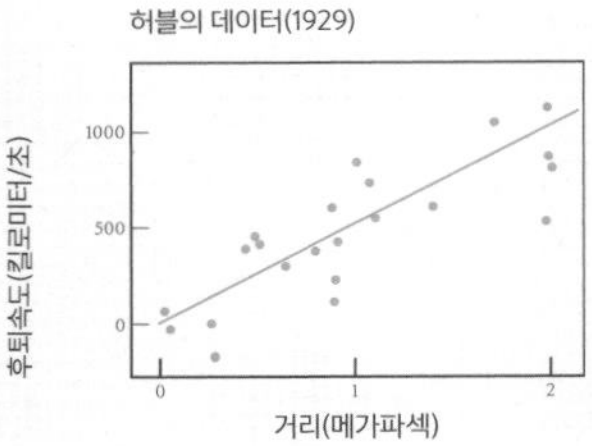

B

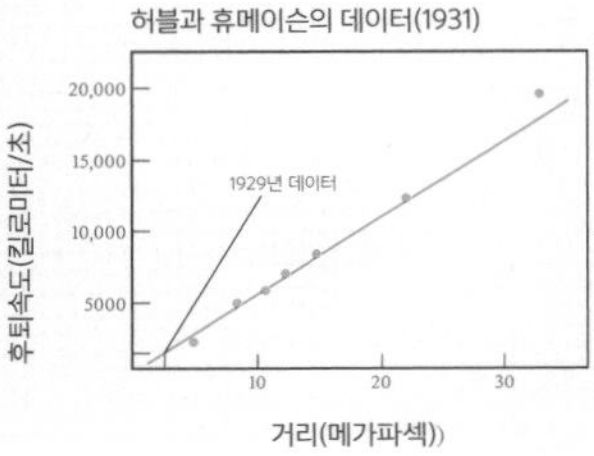

C

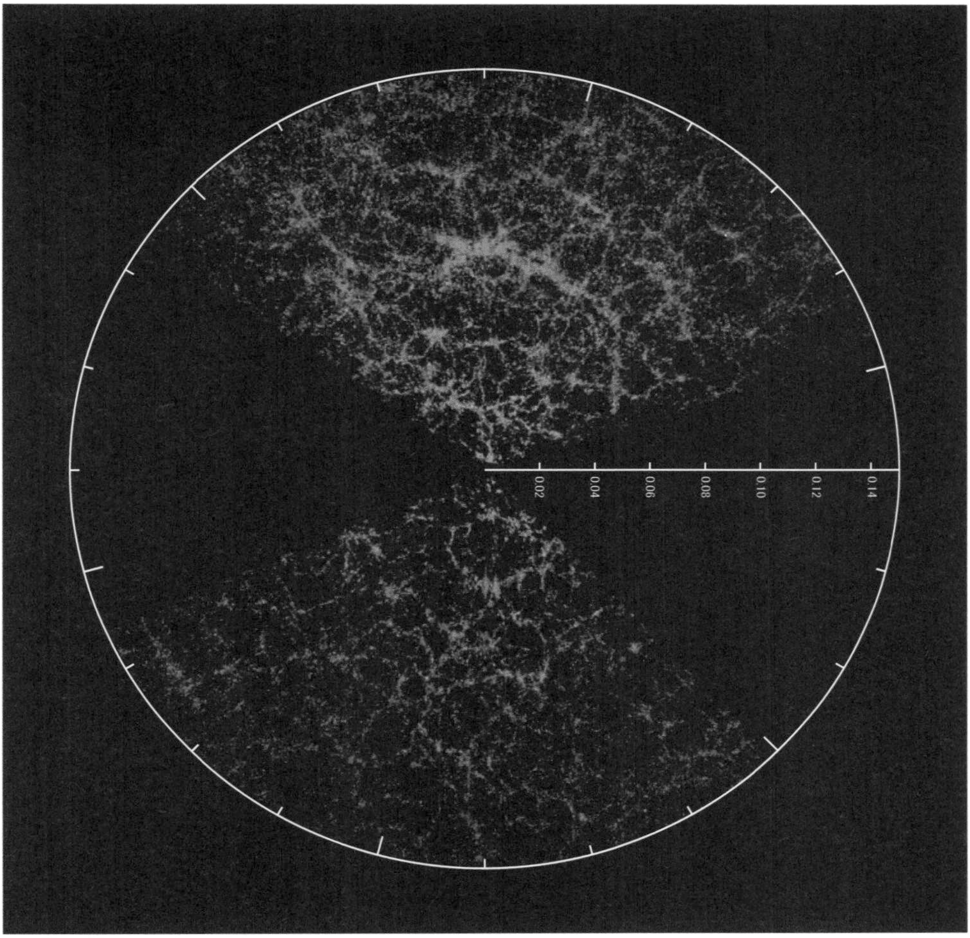

D

그러나 우리는 이미 1장에서 '항성 스펙트럼'을 살펴봤다. 일단 상관관계가 성립되면 그 관계를 반대로 뒤집어 적용하는 것은 어렵지 않다. 적색편이와 거리distance가 연결되었다는 확신이 들자 천문학자들은 허블의 변광성 거리 측정법의 족쇄를 벗어 던지고 (이 방법은 제일 가까운 은하들 각각의 항성들만을 탐지할 수 있다는 본질적인 한계가 있었다), 적색편이를 거리의 대용품으로 사용할 수 있게 된 것이다. 이제 광년 단위로 거리를 계산할 필요도 없었다. 적색편이 하나만 가지고도 은하들의 분포 상태를 알 수 있게 되었으니 말이다 (적색편이는 관련 방정식에서 'z'로 표시한다).

오늘날 대규모 우주 지도는 이 방법에 기초하고 있다. 수백만 개의 은하에서 나오는 빛을 초고감도 분광기로 수집해 우주에서 빛의 방향을 적색편이와 연결시키면, 우주 물질이 분포된 상태를 3차원 지도로 그릴 수 있다.

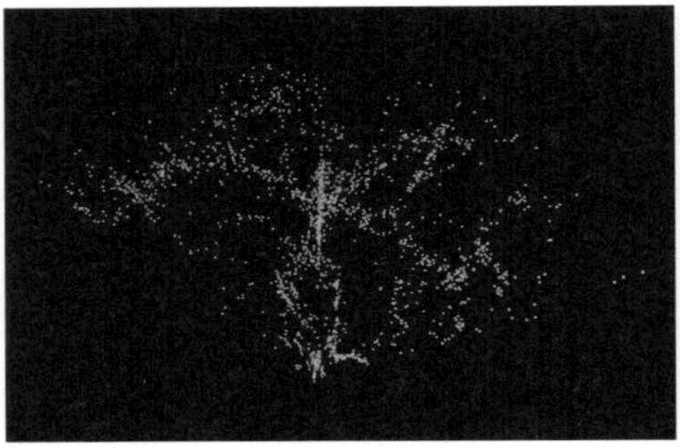

A

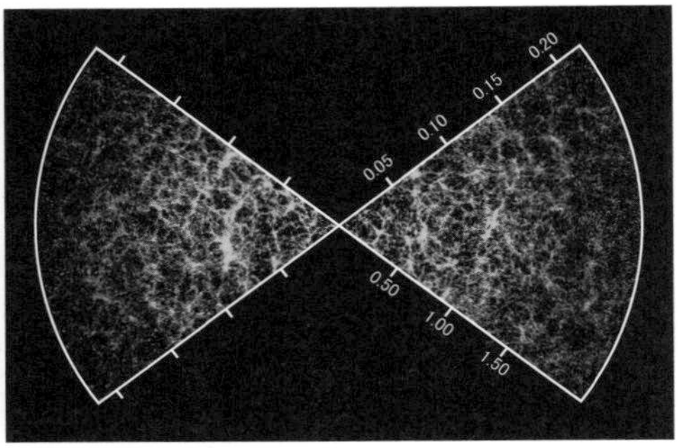

B

1970년대에 최초로 이 지도가 만들어지면서, 천문학자들은 예상치 못한 사실을 알게 되었다. 바로 우주의 물질들은 서로 뭉쳐 '덩어리를 이룬다'는 것이다. 이 사실은 그 후의 연구로 더욱 확실해졌는데, 사실은 은하들이 너무 크고 무거워 그 중력이 몇십 또는 1,000개가 넘는 은하들끼리 뭉쳐 은하단galaxy cluster을 이룬다는 1920년대의 발견에 기초한 것이었다. 하지만 관찰 결과 이 은하단들도 또다시 서로 묶여, 거대한 초은하단supercluster을 형성한다는 것을 알게 되었다.

A. 1980년대 하버드 대학교 천문학자들은 은하들이 은하필라멘트와 거시공동이라는 대규모 구조를 이루며 우주에 고르게 분포되어있지 않다는 사실을 처음으로 발견했다.
B. 우주 장성은 은하 초은하단들(은하집단의 상호결합형태)이 결합된 거대한 시트sheet다. 지구에서 3억 광년 떨어져있으며, 2억~6억 광년 정도의 길이를 가진, 우리가 알고 있는 우주에서 가장 큰 구조 중 하나다.
C. 스피처 우주망원경과 근적외선을 이용한 천문 관측 프로젝트인 2MASS(The Two Micron All-Sky Survey)가 포착한 쐐기지도wedge map는 좁은 평면에 걸쳐 있는 은하들만을 보여준다. 그러나 우리는 이를 통해 하늘 전체의 은하 분포를 알 수 있다(은하의 푸른 띠가 특정 방향에서 어떻게 우리의 시야를 가리는지 주목해보자).

은하단 우주 공간의 일정 부분에서 중력에 의해 서로 묶인 은하들의 집단. 보통 수백에서 수천 개의 은하군이 묶여 은하단을 이룬다.

초은하단 은하단들이 묶여 형성된 길이 1억 광년 정도의 초대규모 은하 집단. 초은하단은 중력에 의해 은하단들이 묶여 구성되지만, 전체적인 모양과 분포는 빅뱅 때 물질들이 집중된 다양한 방식에 의해 결정된다고 '짐작'한다.

게다가 초은하단들도 스틱맨Stick Man이나 우주 장성Great Wall 같은 이름을 가진 몇억 광년 길이의 구조로 다시 묶인다. 대규모 우주large-scale Universe는 초은하단들로 이뤄지는 사슬과 시트로 구성된다. 이 사슬과 시트를 합쳐 은하필라멘트filaments라고 부르는데, 이것은 거시공동void이라고 하는 광활하고 텅 비어 보이는 지역을 둘러싸고 있다. 천문학자들이 이 구조를 설명하는 데 얼마나 어려움을 겪었는지는 3장에서 다룰 것이다.

허블의 적색편이 패턴부터 르메트르의 팽창 우주론은 모두 일반적으로 수용되기까지 순탄치 않았다. 허블은 현재의 팽창 속도로부터 역산해 하나의 점에 모든 것이 모였던 순간, 즉 기원을 추정해보면 우주의 나이가 '고작' 20~30억년밖에 되지 않는다고 했다. 그러나 이 추정은 맞을 수가 없었다. 당시 지질학자들은 이미 지구의 나이가 40억년이 넘는다고 추정하고 있었다.

어떻게 지구가 우주보다 나이가 많을 수 있을까?

c

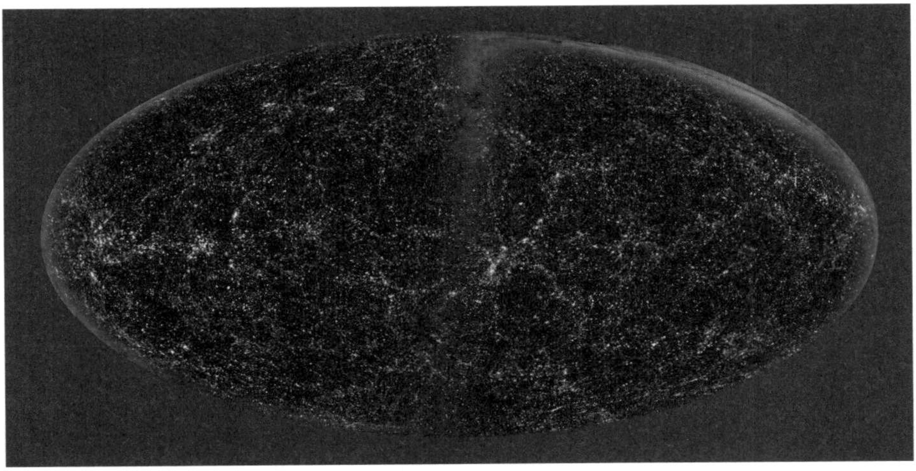

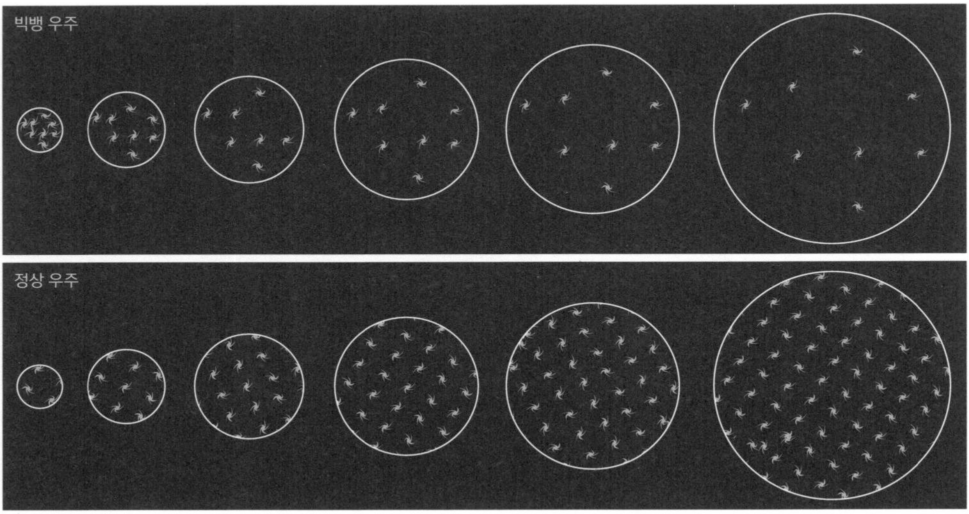

A

허블은 누군가 적색편이 현상의 또 다른 원인을 찾아낼 것으로 기대했다. 의문은 1930년대에 이르러 천문학자들이 세페이드 같은 변광성이 2개의 아주 다른 유형으로 나뉜다는 사실을 알아내면서 풀렸다. 하나는 진짜 '세페이드 변광성 유형'이었다. 또 하나는 본질적으로 더 희미하지만, 다른 면에서는 세페이드 변광성과 비슷한 '거문고자리 RR형 변광성 유형'이었다. 허블은 이 가운데 거문고자리 RR형 변광성 유형을 이용해 대부분의 측정을 했기 때문에 허블 상수가 더 부풀려진 것이었다.

허블의 의심에도, 자신의 이론을 확신했던 르메트르는 1931년 우주의 팽창을 거슬러 올라가 추적해 유의미한 진전을 이뤘다. 공기가 자전거펌프 안에서 압축되면 온도가 올라가는 것처럼, 우주도 밀도가 높았던 처음에는 온도가 훨씬 높았을 거라는 가정을 세우기에 이른 것이다. 르메트르는 결국 우주 전체가 아주 작고 엄청나게 뜨겁고 밀도가 높은 '원시 원자'에서 생겼다는 결론에 이르렀다.

이와 같은 르메트르의 견해는 처음에는 우주가 영원하며 본질적으로 변하지 않는다고 생각하는 기존 천문학계의 반발에 부딪혔다. 이를 테면 프리드만은 현재 우주가 팽창한다는 주장은 받아들였지만, 아마도 우주는 팽창과 수축이 번갈아 나타나는 주기를 가지고 있을 거라고 말했다.

당시는 우주가 팽창하더라도 계속 새로운 물질이 생겨나 우주의 밀도를 유지한다는 정상 우주론steady-state cosmology이 대세인 시기였다.

기존 천문학계를 이끄는 학자들의 생각이 그랬다. 아이러니하게도, 정상 우주론의 열렬한 지지자 프레드 호일(1925~2001)은 1949년 라디오 토크쇼에서 르메트르의 이론을 비웃으며 '빅뱅(대폭발)'에 불과할 뿐 아무것도 아니라고 깎아내리기도 했다.

하지만 이때는 이미 빅뱅이론을 몇몇 우주론 모델 후보 중 하나에서 우주의 과거, 현재, 미래의 상태를 설명하는 지배적인 이론으로 등극시킬 획기적 연구 결과가 2가지나 나온 시점이었다. 그중 하나가 1948년에 이뤄진 미국의 우주물리학자 앨퍼Ralph Alpher와 우크라이나 출신의 미국 천문학자인 가모프George Gamow(1904~1968)의 초기 우주에서의 물질 에너지 상호 변환 입증이다(아인슈타인의 $E=mc^2$ 방정식에 들어맞는다).

A. 빅뱅 우주(위의 그림)에서 은하들 사이의 거리는 공간이 팽창함에 따라 계속해서 더 벌어진다. 정상 우주(아래 그림)에서는 물질이 끊임없이 만들어져 은하들의 밀도가 전체적으로 고르게 유지된다.
B. 르메트르의 생각은 1930~40년대에 점점 더 널리 퍼졌다. 1949년에 방송된 BBC 라디오 인터뷰에서 프레드 호일은 이 이론에 그 유명한 '빅뱅'이라는 이름을 붙였다.

B

랠프 앨퍼(1921~2007)
미국의 우주물리학자.
박사 학위 논문지도교수 가모프와 함께 빅뱅 때 방출된 에너지가 어떻게 원소로 변환되는지에 대한 수학적 모델을 구축했다. 그의 연구는 기자들을 포함해 300명이 넘는 사람들이 박사 학위 논문 발표식에 참석할 정도로 뜨거운 관심과 높은 평가를 받았다.

$E=mc^2$ 질량과 에너지는 등가라는 아인슈타인의 등식. 물질 안에 포함된 에너지는 질량과 빛의 속도의 제곱을 곱한 값이라는 뜻이다.

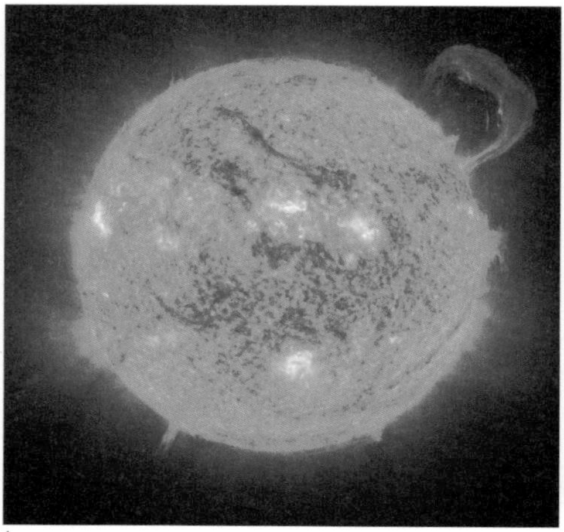

A

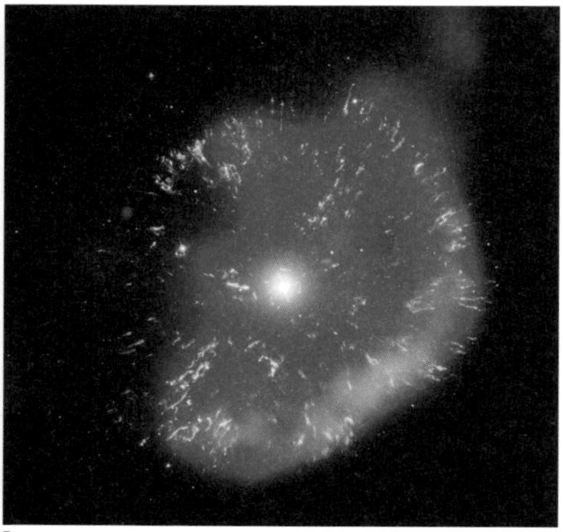

B

우주가 팽창하면서, 온도와 에너지 밀도가 떨어지고 물질의 입자들은 에너지를 발산하면서 한데 섞였을 것이다. 우주의 기본적인 구성 요소들의 비율은 입자들이 이렇게 서로 섞이는 비율과 완벽하게 맞아떨어진다. 그 결과 엄청난 양의 수소, 그보다는 적은 양의 헬륨이 생겼다. 가장 단순한 원소가 수소고, 그 다음이 헬륨이다. 현재 우주에서 발견되는 더 무거운 원소들은 모두 이 원물질들이 항성의 중심부에서 핵융합nuclear fusion을 포함한 다른 과정을 거치면서 생긴 것이다.

빅뱅이론은 이전의 다른 이론들로는 설명할 수 없는 우주의 고유한 특징에 관한 중요한 설명이다.

A 태양과 같은 항성은 핵융합으로 에너지를 생성하고 빛을 내면서 가벼운 원소들을 합쳐 무거운 원소들로 만든다. 이런 항성들은 연료가 소진될 때까지 타들어간다.

B 항성이 수명을 다할 때 항성의 바깥층은 우주 공간으로 떨어져 나가면서 우주 전역에 원소들을 뿌린다. 이 원소들은 나중에 생기는 항성과 행성의 일부가 된다. 대부분 거대한 항성들의 수명을 끝내는 격렬한 초신성 폭발은 핵융합 수위를 높이면서, 가장 희귀하고 무거운 원소들을 만든다.

C 아노 펜지어스와 로버트 윌슨이 우주 마이크로파 배경복사를 발견할 때 사용한 뿔horn 라디오 안테나.

두 번째 획기적 연구 결과는 검증 가능한 예측의 형태로 등장했다. 역시 1948년 앨퍼와 미국의 과학자 허먼Robert Herman(1914~1997)이 팽창하는 불덩이였던 초기 우주가 현재의 우주에서도 탐지 가능한 불꽃을 남겼을 거라고 발표했다. 이 불꽃에서 나온 빛(복사)은 우주 전체에 퍼져 있으며 지금까지 관찰했던 그 어떤 대상보다 더 많이 적색편이가 진행되어 아예 가시광선을 넘어서는 적외선 '열복사' 형태, 그 중에서도 파장이 짧은 마이크로파의 형태를 띠고 있다고 주장했다. 이 마이크로파microwave는 우주의 온도를 절대영도 absolute zero point(이론적인 온도의 최저점)에서 몇 도정도 높인다는 이론이었다.

핵융합
간단한 원자핵들이 합쳐 복잡한 원자핵으로 만들어지는 과정을 말한다. 이 과정에서 에너지가 발산되는데, 핵융합은 항성이 빛나는 에너지원이다.

마이크로파
1미터에서 1밀리미터 사이의 파장을 가진 전자기파의 일종이다. 파장이 더 짧고 에너지 수준은 더욱 높은 적외선과 파장이 더 길고 에너지 수준은 더욱 낮은 전파 사이에 위치한다.

앨퍼와 허먼의 예측은 1964년 현실에서 입증되었다. 미국 뉴저지 소재 벨연구소의 고감도 신형 라디오 안테나를 시험하던 펜지어스Arno Allan Penzias(1933~)와 윌슨Robert Willson(1936~)은 관찰을 방해하는 희미하지만 연속적인 '잡음'을 발견했다.

C

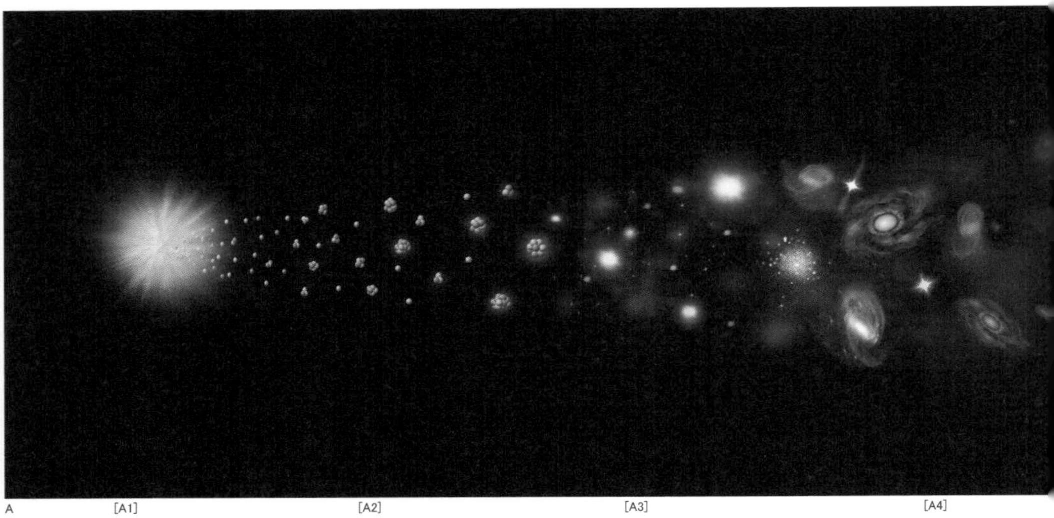

우주 전체에서 오는 것으로 추정하는 이 신호는 인공적으로 만든 소리라고 보기 힘들었다(물론 안테나에 둥지를 튼 비둘기 소리도 아니었다). 분석을 통해 이 신호가 절대영도보다 약 4도씨 더 높은 일정한 배경 복사background radiation와 주파수가 같다는 사실을 알아냈다. 펜지어스와 윌슨은 동료 연구자 한 명이 계획적 탐색을 해야 한다는 내용의 논문을 발표하기 전까지는, 이 신호가 빅뱅의 남아있는 불꽃이라고 확신을 가지지 못했다. 하지만 곧 이 신호가 자신들이 찾고 있는 바로 그 소리임을 알게 되었다.

현재 우리는 우주의 유아기로부터 나온 이 신호를 우주 마이크로파 배경복사(Cosmic Microwave Background Radiation, 이하CMBR)라고 부른다. 측정을 거듭한 결과 CMBR의 평균 온도가 2.7도씨(4.9화씨)라는 사실을 알게 되었고, 이는 빅뱅의 확실한 증거가 되었다. 예측된 이 관찰 결과는 다른 우주 모델로는 설명이 불가능하던 현상을 푸는 열쇠였다.

[A5] [A6] [A7] [A8] [A9]

빅뱅이론이 증명되자, 이제 관심은 우주가 얼마나 빨리 팽창하는지에 다시 집중되었다.

A 빅뱅 이후 138억 년간 우주의 원물질들은 더 무겁고 복잡한 원소들로 꾸준히 변화했다. 우리 지구를 구성하는 물질들도 이 과정 중에 생긴 원소들이다.

A1 빅뱅, 138억 년 전

A2 원자를 구성하고 있는 원자보다 작은 입자인 '아원자 입자'들이 뭉쳐 원자핵과 완전한 원자들로 변했다. 40만 년 전.

A3 2억 년 후 최초의 항성들이 생겼다.

A4 최초 항성들의 잔존물들이 은하의 핵을 형성했다.

A5 은하풍이 불어 원소들을 은하 사이의 공간으로 이동시켰다.

A6 항성들이 가벼운 원소들을 무거운 원소들로 변화시켰다.

A7 항성이 소멸하면서 무거운 원소들이 은하들 사이로 흩어졌다.

A8 초신성 폭발로 가장 무거운 원소들이 생겼다.

A9 무거운 원소들이 암석 물질 행성을 생성했다.

B 1992년 우주배경 탐사선(코비 위성)이 만든 최초의 CMBR 지도.

C 2012년 윌킨슨 마이크로파 비등방성 탐색기(WMAP) 위성의 관찰로 만들어진 훨씬 더 자세한 CMBR 지도.

D. 2013년 유럽우주국 플랑크 위성의 관찰로 만들어진 극도로 세밀한 CMBR 지도.

B

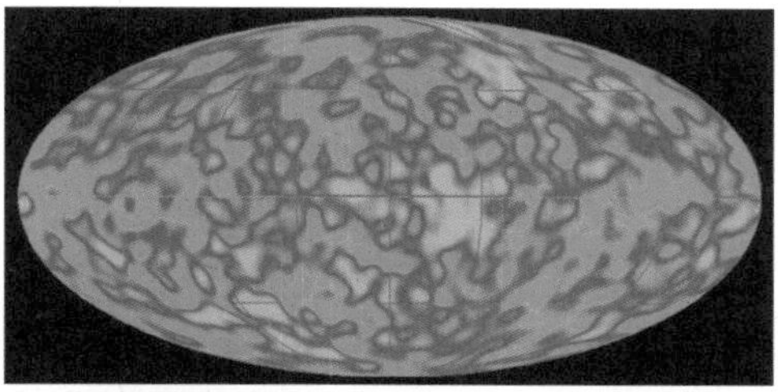

C

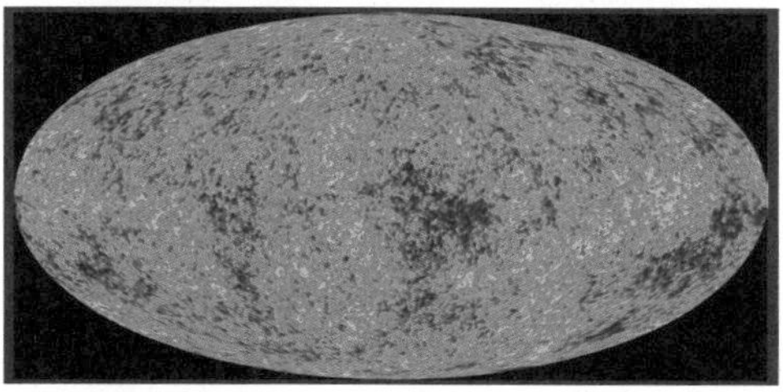

D

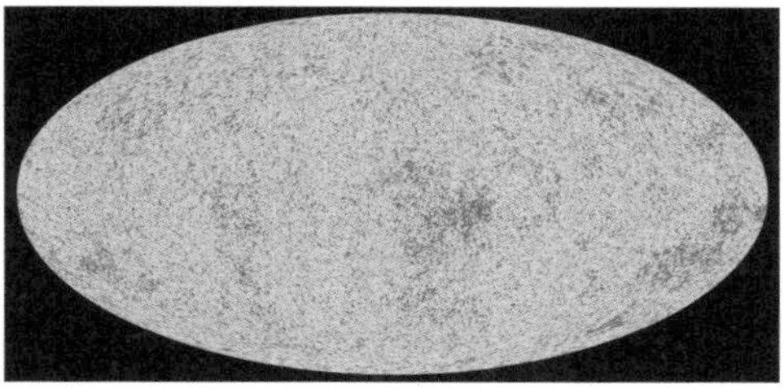

빅뱅 이후 우주가 계속 커진다면 이는 허블 상수로 측정한 현재의 팽창 속도로, 우주가 언제 시작됐는지 알 수 있다는 의미였다. 또한 우주의 나이를 계산할 수 있다는 뜻이기도 했다. 이에 앞서 이미 1957년 샌디지Allan Sandage는 거문고자리 RR형 변광성들을 계산에 넣어 허블 상수가 메가파섹 당 1초에 75킬로미터라고 밝혔다. 이는 은하들이 후퇴하는 평균 속도가 326만 광년 당 1초에 75킬로미터씩 증가하고 있다는 뜻이다. 예를 들어, 980만 광년 떨어진 은하는 1초에 약 225킬로미터로 후퇴하고 있으며, 9,800만 광년 떨어진 은하는 그보다 10배는 더 빠르게 후퇴한다고 할 수 있다.

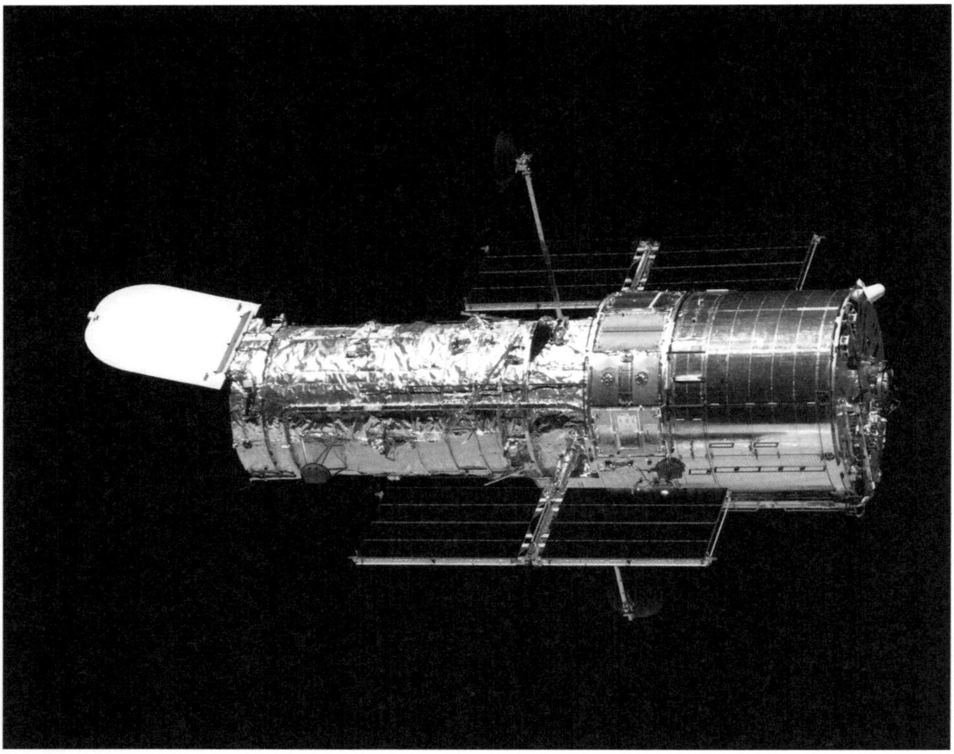

A

B
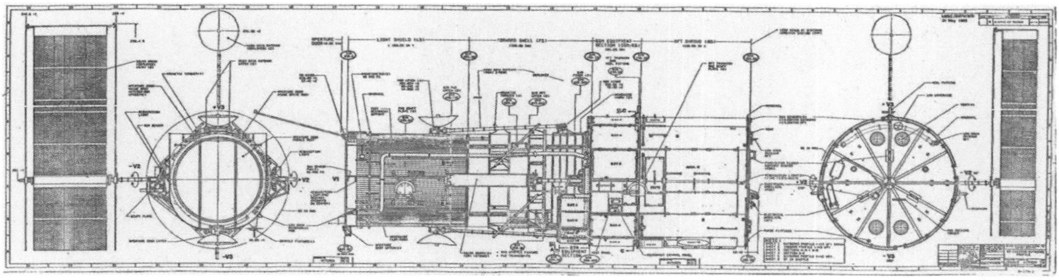

샌디지가 새로 계산한 허블 상수는 허블이 원래 계산했던 것의 약 6분의 1이었다. 여전히 불확실성의 여지가 많았지만, 이 정도 숫자로도 우주의 나이가 100~200억 년 사이라는 것을 충분히 계산할 수 있었다. 그 후에도 수십 년 동안 허블 상수 값을 더 정확하게 계산하기 위한 시도는 이어졌다. 결정적인 값은 허블우주망원경의 '키 프로젝트'에서 나왔다. 1990년에 발사된 허블우주망원경은 첫 10년의 많은 부분을 먼 은하에 있는 세페이드 변광성들을 추적하는 데 사용했다. 그 결과 최종 수치인 메가파섹 당 1초에 72킬로미터라는 값을 얻게 되었던 것이다. 샌디지의 계산과 가까운 값이었다. 이를 기초로 현재 우주학자들은 빅뱅이 약 138억 년 전에 일어났다고 추산한다.

A 허블우주망원경은 지구 대기 위에 떠 있다는 독특한 위치 때문에 다른 모든 광학망원경보다 더 선명하게 우주를 관찰할 수 있다.
B 1981년에 설계된 허블우주망원경의 청사진. 길이는 13.2미터, 주 거울 지름은 2.4미터다.
C 허블우주망원경은 주기적으로 소환되어 스페이스 셔틀의 수리를 받도록 설계되었다. 이런 수리와 업그레이드로 1990년 발사된 후 지금까지 25년 넘게 우리는 허블우주망원경으로부터 최신 천문학 기술을 수혈받고 있다.

앨런 샌디지(1926~2010) 미국의 천문학자. 우주의 나이와 팽창을 연구하고 은하가 형성되는 과정에 대한 모델을 최초로 만들었다. 또한 그는 최초로 퀘이사quasar를 확인한 사람이기도 하다. 퀘이사는 중심부에서 강렬한 빛을 내기 때문에 겉으로는 항성처럼 보이는 은하다.

메가파섹 100만 파섹, 즉 326만 광년에 해당하는 천문학 거리 단위다.

C

A

활동은하핵
중심부에 있는 초대질량 블랙홀이 주변 물질을 집어삼키는 은하의 핵을 말한다. 이 블랙홀로 떨어지는 물질들은 수백만 도씨로 가열되어 엄청난 전자기 복사열을 내면서 강착원반(*블랙홀이 물질을 빨아들일 때 블랙홀 주변의 가스가 원반 형태로 뭉치는 현상)을 형성한다.

A 40억 광년 거리에 있는 촘촘한 은하단 MACS J0416.1-2403. 우리가 현재 보고 있는 빛은 너무 먼 거리를 달려왔기 때문에 지금쯤 이 은하단의 실제 모습은 상상을 초월할 정도로 변해 있을 것이다.

B 100억 광년쯤 떨어진 은하들이 있는 작은 영역인 '딥 필드'. 훨씬 더 먼 은하들의 모습이 보인다. 우주 형성 초기 모습이기 때문에 사진에서 보이는 은하들은 대부분 활동은하핵을 가진다.

거대한 규모와 엄청나게 빠르지만 제한된 빛의 속도가 결합하면 우주는 초기 상태에 대해 많은 것을 말해주는 타임머신이 된다. 우리가 1억 광년씩 더 멀리에 있는 우주를 볼 때마다, 1억 년씩 더 과거의 우주를 보게 되기 때문이다.

우리 은하와 비교적 가까운 우주에서 이런 현상은 호기심의 대상에 불과하다. 몇백 년, 몇천 년 전에 별에서 나온 빛을 우리가 본다는 사실은 확실히 재미있다. 하지만 항성과 은하의 진화라는 거대한 시간대에서는 우리가 실제로 보는 것과 별반 차이가 없다.
그렇지만 더 먼 거리에 있는 별들은 사정이 다르다.
우주의 타임머신이 매우 커다란 차이를 만들기 때문이다.

오늘날 더욱 강력한 기술력을 가진 망원경 덕분에 우리는 수십억 광년 떨어진 물체들에서 나오는 희미한 빛을 잡아낼 수 있다. 모든 것이 한데 뭉쳐있던 초창기 우주의 모습에 상당히 접근할 수 있다는 뜻이다.

이 우주 초기의 은하들은 현재의 우아한 나선 모양과는 달리, 확실히 형태가 덜 잡힌 것처럼 보인다. 또한 은하들 사이의 충돌과 융합이 더 자주 보인다. 이 은하들은 대부분 중심부에 활동은하핵active galactic nuclei이라는 불타는 에너지원을 가진다. 이것은 은하들이 합치기 시작한 초기 상태를 보여주는 증거다. 이 상태에서 작고 불규칙한 모양을 가진 항성 구름들은 충돌을 통해 서로 섞이면서 오늘날의 거대한 회전 원반, 나선, 공 모양을 형성한다.

B

가장 멀리 있는 은하들은 엄청난 적색편이를 보인다. 우리와 이 은하들 사이의 공간은 너무나 멀리 떨어져 있기 때문에 이 은하들은 거의 빛에 가까운 속도로 우리로부터 후퇴하고 있으며, 이 은하들의 빛의 파장도 너무 늘어나 눈에 보이지 않는 적외선으로 변하기 시작한다.

허블우주망원경은 근적외선 관찰 기능이 있어서 너무 어둡고 멀리 떨어져, 보통의 빛으로는 볼 수 없는 은하들도 관찰 가능하다. 그러나 거리가 100억 광년을 넘어서면 적색편이가 극단적으로 많이 일어나기 때문에 허블우주망원경으로도 확인할 수 없다. 미 항공우주국NASA이 허블우주망원경 다음 주자로 발사할 '적외선infrared제임스웹우주망원경'의 목표 중 하나가 우주의 시작에 훨씬 더 근접한 은하들을 추적하는 것이다.

그런데 그보다 훨씬 이전의 우주를 볼 수 있는 방법이 또 있다. CMBR의 희미한 빛이다.

A

A 이 거대한 제임스웹우주망원경은 금으로 덮은 육각형 베릴륨 판 18개를 붙여 만든 지름 6.5미터의 주 거울을 장착했다. 근적외선 관찰용으로 설계됐지만, 우주에서 가장 멀리 보이는 물체들에서 나오는 적색 가시광선과 오렌지색 가시광선까지도 잡아낸다.

B 플랑크 위성이 관측한 CMBR의 신비한 모습(위 그림). 평균 온도가 흰 선을 기준으로 약간 다르며 온도가 특히 낮은 큰 지점이 보인다(흰 동그라미). 편광(아래 그림) 현상도 초기 우주에 대한 단서를 제공한다.

적외선 700나노미터(10억분의 1미터)에서 1밀리미터 사이의 파장을 가진 전자기파. 적외선은 가시광선을 발산하기에는 너무 약한 과정에서 퍼져나간다. 그럼에도, 온도를 높이는 효과는 상당하다.

B

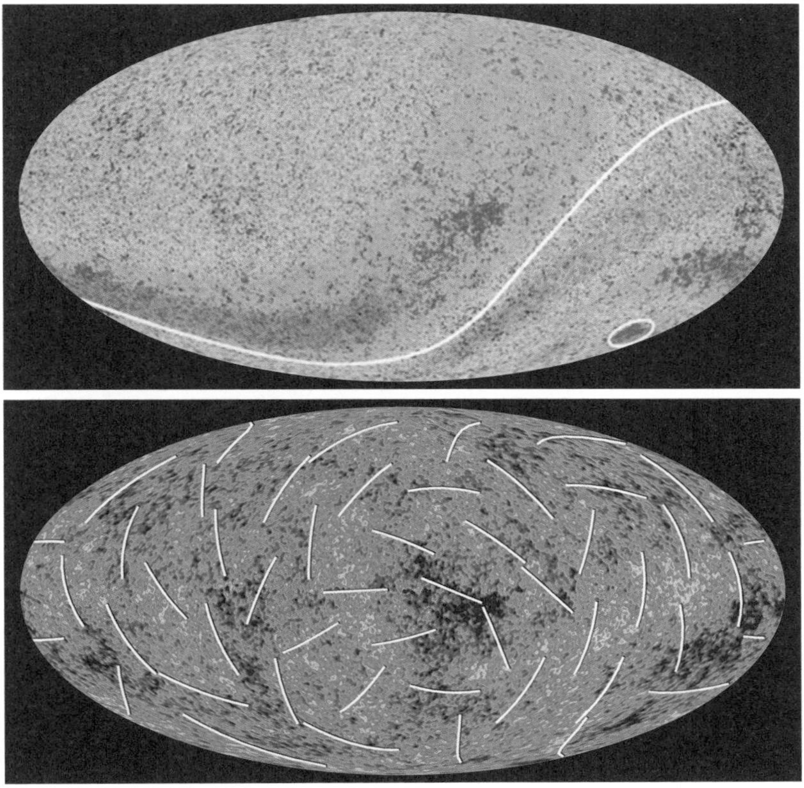

이 빛은 빅뱅의 불덩이에서 나와 138억 광년 거리의 우주 공간을 달려 지구에 도착했다(더 정확하게는 빅뱅 후 약 38만년이 지나 처음의 뿌옇던 우주가 투명하게 된 시점에서 온 빛이다). 어느 방향에서든 볼 수 있는 이 빛은 우리가 빅뱅을 보기 위해 가장 가까이 갈 수 있는 우주 공간 주위에 '통과할 수 없는 벽'을 형성한다. 이런 이유로 CMBR은 집중적인 연구 대상이 되었다. 이 빛의 온도에 미세한 변화만 생겨도 현재 우리 우주에 존재하는 은하필라멘트와 거시공동 같은 거대 규모의 질량 집중 구조로 변한 초기 우주의 구조를 짐작하는 데 도움이 되기 때문이다.

한편, 엄청난 거리 때문에 CMBR의 경계는 거의 빛의 속도로 우리에게서 멀어지고 있다. 우리가 현재 CMBR의 희미한 마이크로파로 탐지해내는 빛도 처음에는 다른 항성들에서 나오는 빛처럼 강렬했지만, 팽창하는 광대한 우주를 건너오는 사이 파장이 늘어난 것이다.

이렇게 파장이 늘어나는 현상 때문에 우리가 볼 수 있는 우주 영역은 제한적이다. 우리가 관찰할 수 있는 대상은 빅뱅 이후 138억 년 안에 우리에게 도착하는 빛을 내는 물체에 한정된다. 그렇다면 고대 그리스 철학자들이 어떤 의미에서는 옳았다고도 할 수 있다. 그 관점에서는 지구가 우리 우주의 중심이기 때문이다. 모든 방향에서 경계가 확장되고 있는 시공간 거품인 우리 우주는 빅뱅 이후의 시간에 의해 정의된다.

하지만 우리의 상상과 달리, 이 '관측 가능한' 우주는 반경이 138억 광년인 구가 아니다. 또한 가장 먼 곳인 138억 광년 거리에서 우리에게 빛이 오는 동안에도 우주는 팽창하기 때문에 관측 가능한 우주 자체도 실제로 계속 커지고 있다. 이는 우리가 CMBR에서 보는 공간적 지역에서 '현재' 약 460억 광년 떨어져 있다는 뜻이다.

물론, 관측 가능한 우주가 우주의 전부라고 생각하는 것은 옳지 않다. 모든 은하, 모든 행성, 모든 사람이 자신만의 시공간 거품 중심에 있으며, 그 시공간은 우리의 시공간보다 훨씬 더 클 수 있다. 우리의 우주는 유한할지도 모른다. 그리고 우주의 끝에 있는 행성에 현재 존재할지도 모르는 관찰자가 한 방향을 보면서, 우리 우주의 탄생을 지켜보고 있을지도 모른다. 그러나 그 관찰자는 반대 방향을 보면서 우리가 영원히 볼 수 없는 곳들을 보고 있을 수도 있다.

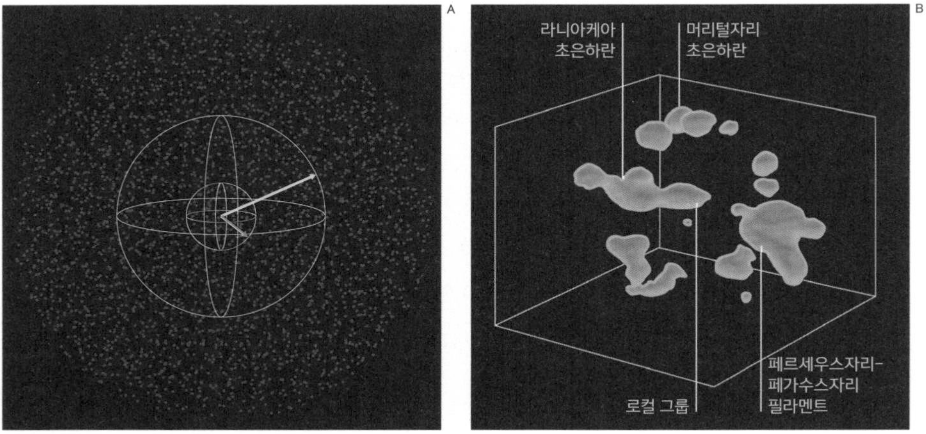

A 우리의 관측 가능한 우주는 반지름 138억 광년이라는 '한계'가 있다고 생각된다 (핑크색). 그러나 우주의 팽창은 우리가 탐지할 수 있는 빛을 내는 가장 먼 물체가 약 460만 광년 떨어져있으며(노란색), 우주가 관측 가능한 우주보다 훨씬 멀리까지 팽창하고 있다는 뜻이다.

B 지구에서 수십억 광년 거리 안의 우주 공간에는 엄청나게 큰 구조가 몇 개 있다. 지구가 포함된 라니아케아 초은하단, 머리털자리 은하단, 페르세우스자리-페가수스자리 필라멘트 등이다.

C 한 번에 10배씩 커지는 로그 스케일로 표현한 관측 가능한 우주.

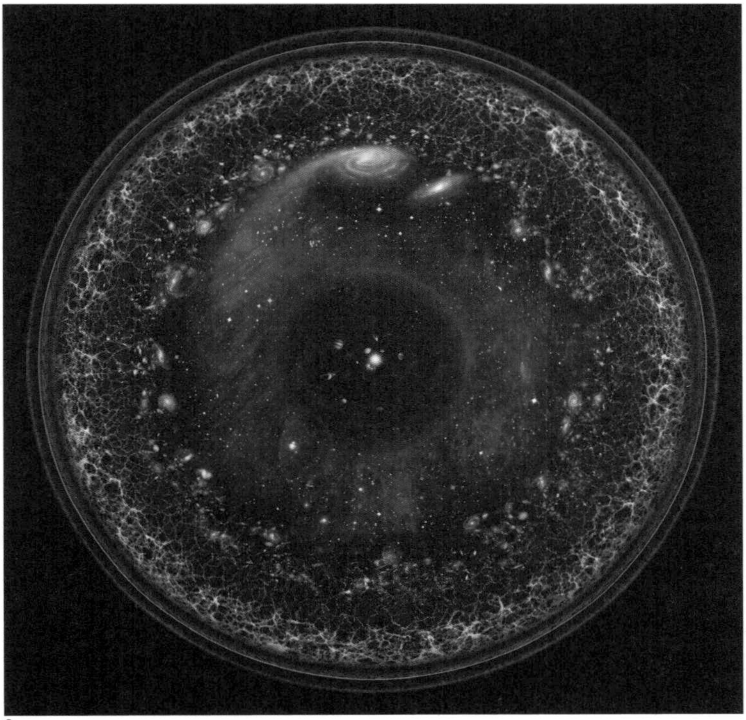

C

그렇다면 우주의 팽창이 우주가 영원히 계속되어 시공간 거품들이 서로 겹치는 무한한 바다가 된다는 뜻일까?

오래전 프리드만은 일반상대성이론으로 이 질문에 대한 답이 기본적으로 우주에 있는 물질의 밀도와 그 물질이 주위의 공간을 어떻게 왜곡시키는지에 달렸다고 확인했다. 우주 팽창은 중요한 고려 대상이긴 하지만, 그렇더라도 물질과 관련한 문제는 여전히 남는다. 그 문제는 3장에서 다룬다.

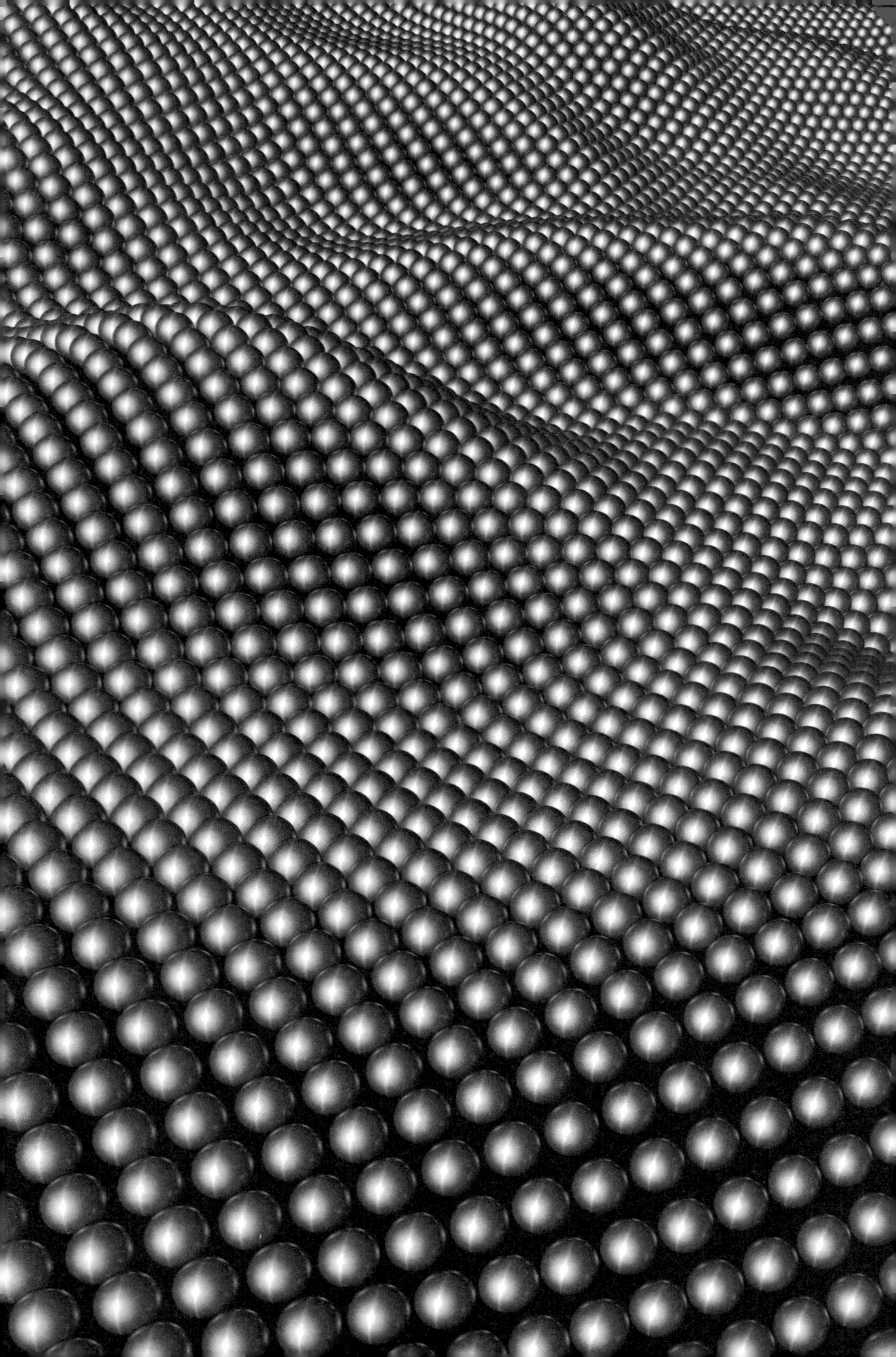

3. 오메가 팩터

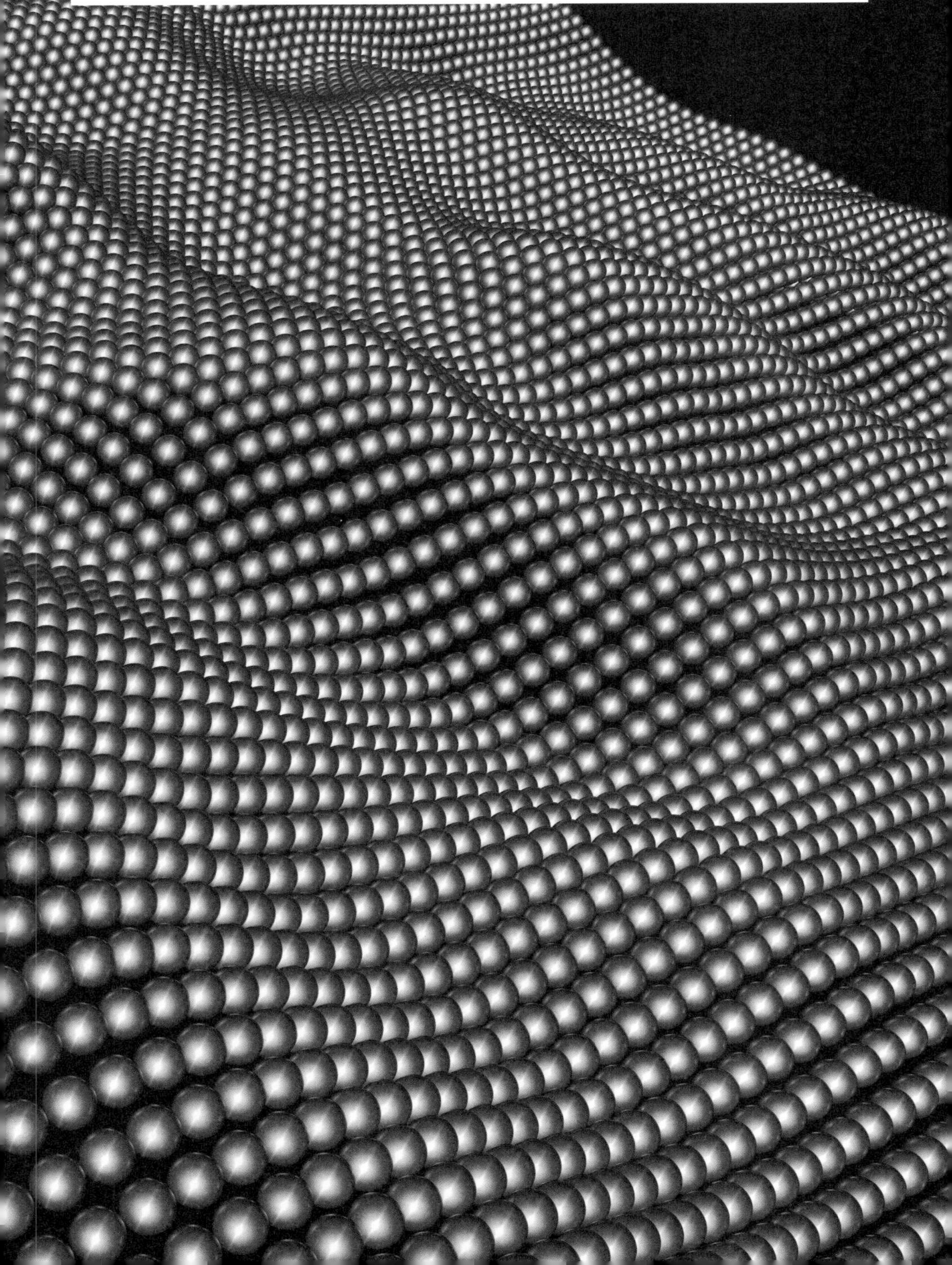

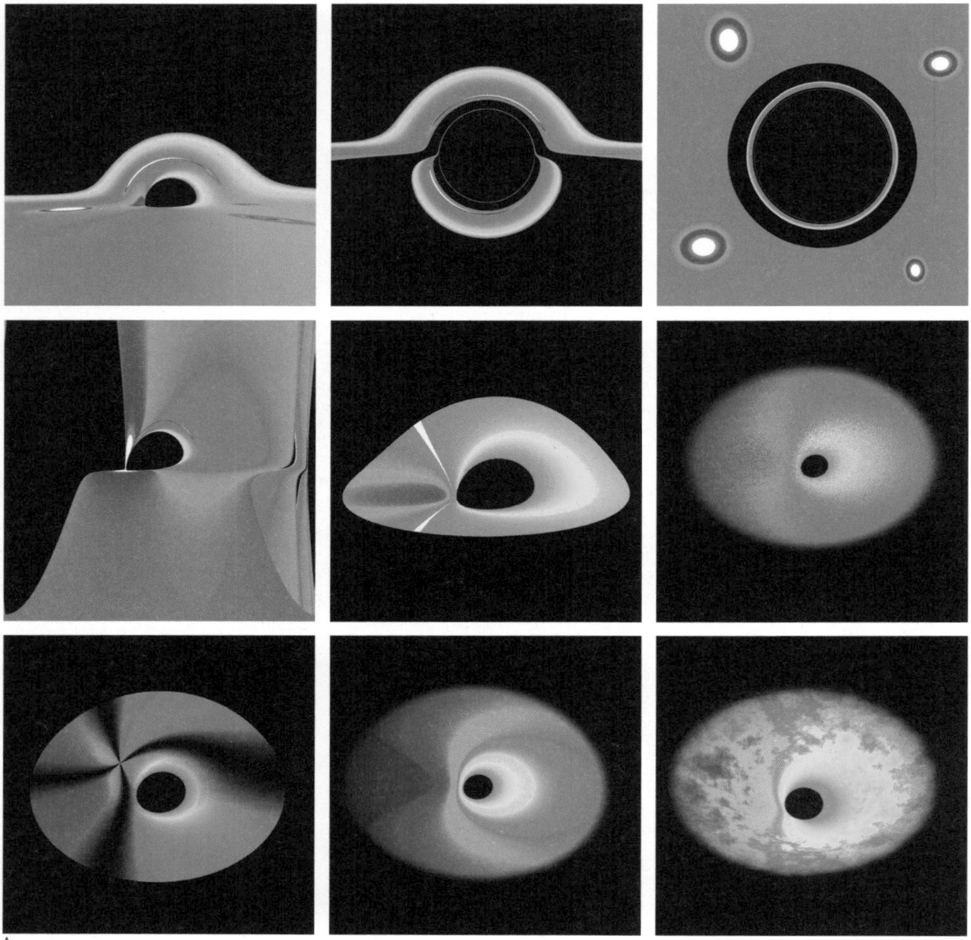
A

우주의 모양에 관한 질문들은 간단해 보인다. 그러나 결코 단순하지 않은 하나의 거창한 질문으로 요약할 수 있다. 우주는 얼마나 많은 물질을 포함하고 있는가?

A 3차원 공간에서 시공간을 왜곡하는 강력한 중력의 효과를 보여주는 컴퓨터 시뮬레이션. 그림의 색깔들은 빛이 블랙홀 근처의 왜곡된 공간을 통과할 때 파장이 늘어나는 현상인 적색편이의 양을 나타낸다. 가운데 검은색 부분은 빛조차 탈출할 수 없는 경계인 '이벤트 호라이즌'이다. 이 블랙홀 모델은 소규모지만, 가장 큰 규모에서 우주의 질량이 공간을 어떻게 왜곡하는지 알려준다.

아인슈타인의 일반상대성이론에 따라 질량은 시공간을 왜곡해 우리가 중력을 경험하는 효과를 낳는다. 질량이 크고 집중도가 높을수록 왜곡은 더욱 극단적이 되고 중력은 강해진다.

일반상대성이론에 의한 왜곡을 시각화하는 방법은 공간 차원 중 하나를 버리고, 공간을 고무 시트 같은 2차원 막으로 상상하는 것이다. 이 시트 위에 위치한 물질이 중력우물gravity well이라는 움푹 파인 공간을 만든다. 그러면 시트의 모양이 찌그러지는데, 이 중력우물은 가까이 지나가는 모든 것들의 운동을 굴절시킨다. 블랙홀이 극단적인 예다. 블랙홀은 '특이점'이라고 부르는 무한히 밀도가 높은 질량 주위에 생긴 가파른 중력우물이다. 이 중력우물로 물체와 빛은 탈출의 희망 없이 빠져든다.

B

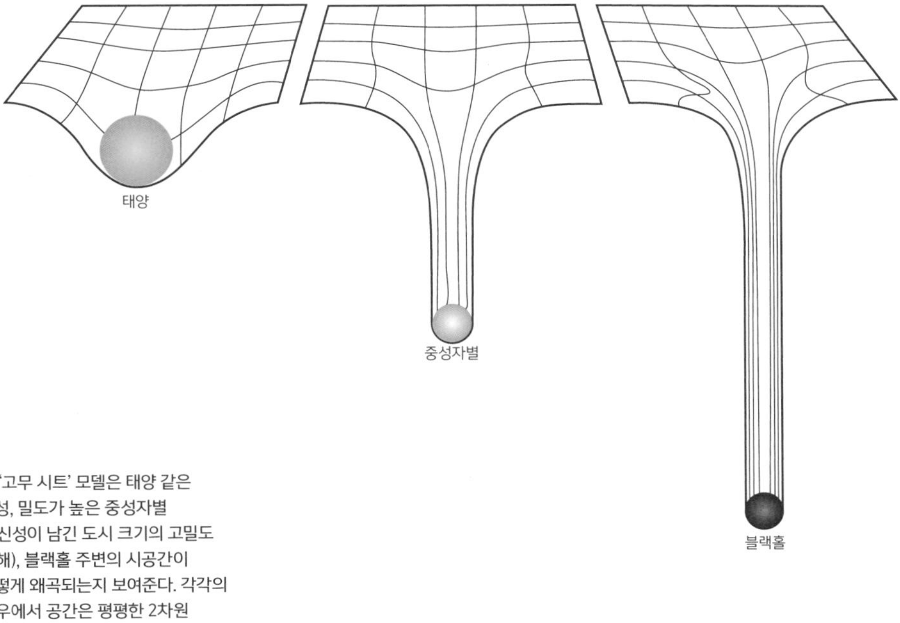

B 이 '고무 시트' 모델은 태양 같은 항성, 밀도가 높은 중성자별 (초신성이 남긴 도시 크기의 고밀도 유해), 블랙홀 주변의 시공간이 어떻게 왜곡되는지 보여준다. 각각의 경우에서 공간은 평평한 2차원 막으로 변한다.

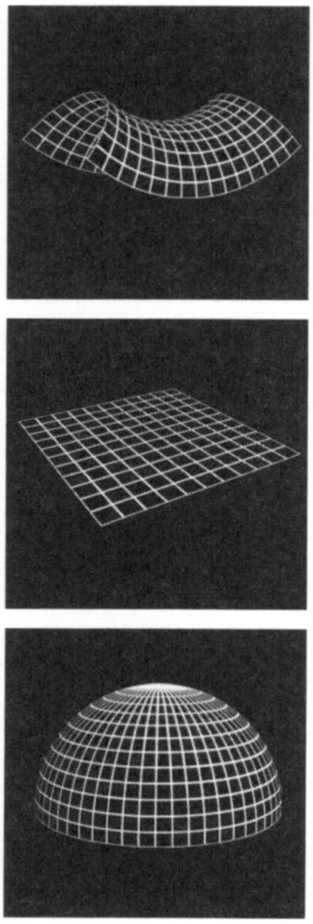

A

우주 전체의 질량이 이와 비슷한 방식으로 공간을 왜곡한다면 우리는 크게 3가지 가능성을 생각해볼 수 있다. 질량이 충분히 크다면 공간은 구 모양으로 왜곡되어 양의 곡률을 가진 '닫힌 우주'를 만들 것이다. 평행해 보이는 빛의 진행 경로는 엄청나게 먼 거리에서는 실제로 하나로 합쳐질 것이다. 만일, 질량이 너무 작고 빅뱅에서 시작된 우주 팽창이 지배적인 요인이라면 공간은 음의 곡률은 가진 안장 같은 모양으로 밖으로 휘고, 빛의 경로는 결국 서로 더 멀어진 채 '열린 우주'가 될 것이다. 이 2가지 가능성 사이에 존재하는 것이 '평평한 우주'다. 질량이 딱 적당해 공간이 평평한 상태로 유지된다. 모든 방향으로 팽창하지만, 가장 큰 규모에서는 안으로도 밖으로도 휘지 않는다.

기본적으로 가장 큰 규모에서 가능한 우주의 '모양'은 이 3가지다. 그리고 앞으로 다루겠지만, 이 3가지 시나리오는 우리 우주의 궁극적인 운명에 대한 흥미로운 아이디어를 제공한다.

A 위에서부터 안장 모양의 열린 우주, 평평한 우주, 닫힌 우주.
B 밀도 변수 오메가 값과 연결된 우주의 진화 역사들을 보여주는 그래프.
C 프리드만의 1922년 논문의 일부. 일반상대성이론에서 가능한 시공간의 전체적인 곡률을 보여준다.

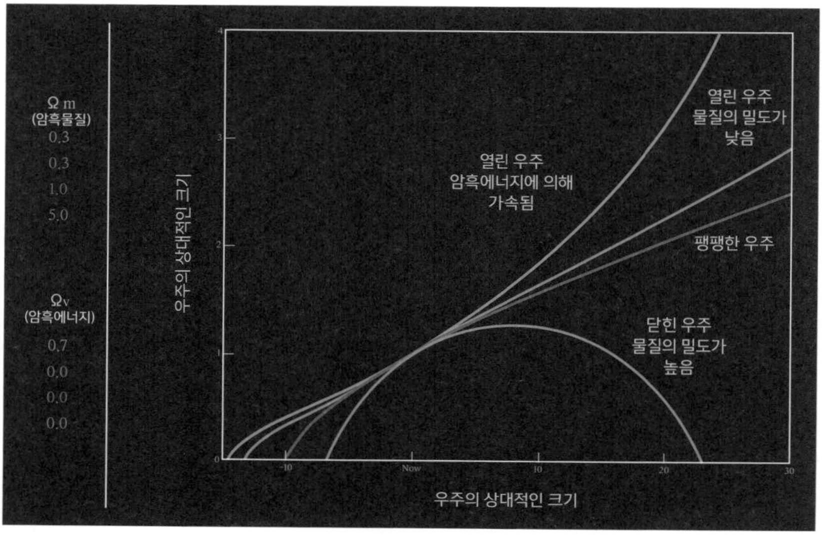

B

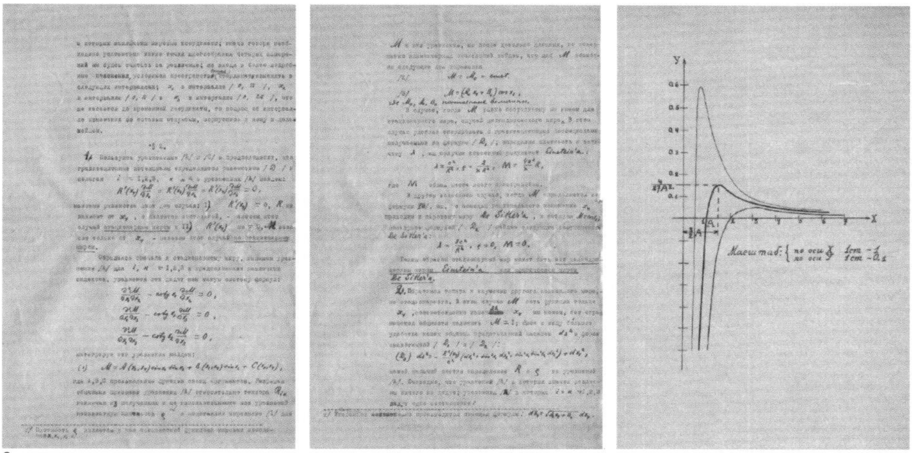

C

열린 우주, 닫힌 우주, 평평한 우주 사이의 차이점을 알려면 먼저 우주의 질량을 측정해야 한다. 어떻게 측정할 수 있을까?

이런 시도는 처음부터 실패를 내포한 것처럼 보인다. 시공간과 물질이 우리가 볼 수 있는 관측 가능한 우주 너머로 얼마나 더 멀리 뻗어 있는지 알 수 없기 때문이다. 그러나 다행히도 일반상대성이론의 장 방정식에 대한 프리드만의 해법을 이용하면 지름길을 찾을 수 있다. 이것은 우리가 현재 살고 있는 우주가 시공간이 팽창하는 우주라고 묘사한 수학적 모델이다.

프리드만 방정식의 실제 수학적 해법은 극도로 난해하다. 그러니, 다양한 우주의 특징들이 몇 안 되는 변수 값에 의해 발생할 수 있다는 중요한 결과라는 정도로 이해하자. 이 변수 중 가장 중요한 것은 우주 밀도의 관찰 값이다. 이는 단위 부피 공간 안에 평균적으로 존재하는 물질의 양을 말한다. 실제 밀도가 특정한 임계 밀도보다 커지는지가 공간의 근본적인 성질에 영향을 미치고, 우주가 과거에서 미래로 진화하는 방식을 결정한다.

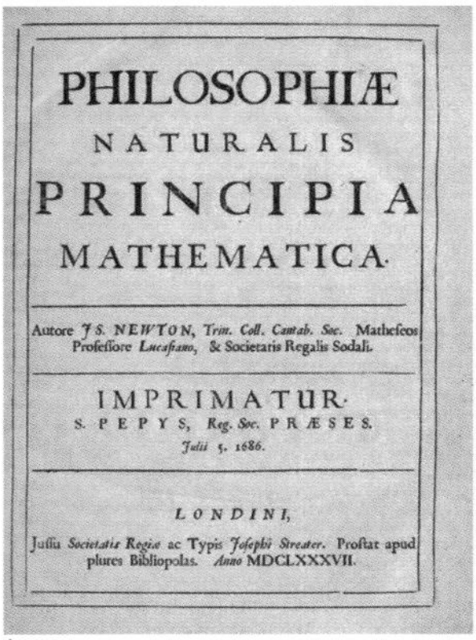
PHILOSOPHIÆ
NATURALIS
PRINCIPIA
MATHEMATICA.

Autore *JS. NEWTON*, *Trin. Coll. Cantab. Soc.* Matheseos Professore *Lucasiano*, & Societatis Regalis Sodali.

IMPRIMATUR.
S. PEPYS, *Reg. Soc.* PRÆSES.
Julii 5. 1686.

LONDINI,
Jussu *Societatis Regiæ* ac Typis *Josephi Streater*. Prostat apud plures Bibliopolas. *Anno* MDCLXXXVII.

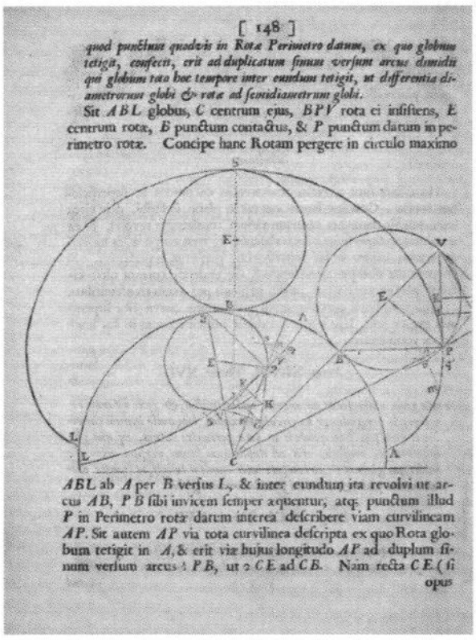
[148]

quod punctum quodvis in Rotæ Perimetro datum, ex quo globum tetigit, confecit, erit ad duplicatum sinum versum arcus dimidii qui globum tota hoc tempore inter eundum tetigit, ut differentia diametrorum globi & rotæ ad semidiametrum globi.

Sit *ABL* globus, *C* centrum ejus, *BPV* rota ei insistens, *E* centrum rotæ, *B* punctum contactus, & *P* punctum datum in perimetro rotæ. Concipe hanc Rotam pergere in circulo maximo *ABL* ab *A* per *B* versus *L*, & inter eundum ita revolvi ut arcus *AB*, *PB* sibi invicem semper æquentur, atq; punctum illud *P* in Perimetro rotæ datum interea describere viam curvilineam *AP*. Sit autem *AP* via tota curvilinea descripta ex quo Rota globum tetigit in *A*, & erit viæ hujus longitudo *AP* ad duplum sinum versum arcus ½ *PB*, ut 2 *CE* ad *CB*. Nam recta *CE* (si opus

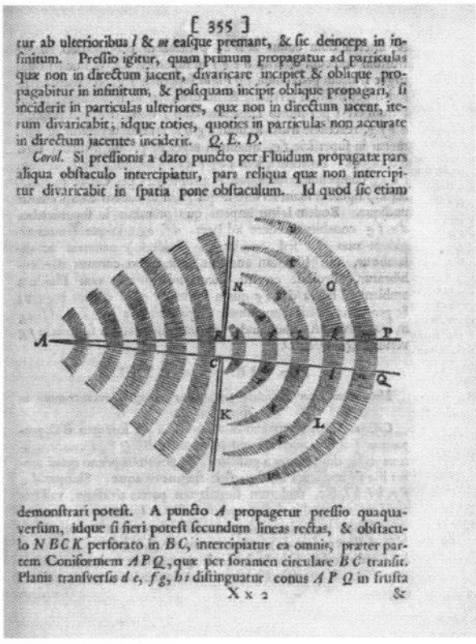
[355]

tur ab ulterioribus *l* & *m* easque premant, & sic deinceps in infinitum. Pressio igitur, quam primum propagatur ad particulas quæ non in directum jacent, divaricare incipiet & oblique propagabitur in infinitum, & postquam incipit oblique propagari, si inciderit in particulas ulteriores, quæ non in directum jacent, iterum divaricabit, idque toties, quoties in particulas non accurate in directum jacentes inciderit. *Q.E.D.*

Corol. Si pressionis a dato puncto per Fluidum propagatæ pars aliqua obstaculo intercipiatur, pars reliqua quæ non intercipitur divaricabit in spatia pone obstaculum. Id quod sic etiam demonstrari potest. A puncto *A* propagetur pressio quaquaversum, idque si fieri potest secundum lineas rectas, & obstaculo *NBCK* perforato in *BC*, intercipiatur ea omnis, præter partem Coniformem *APQ*, quæ per foramen circulare *BC* transit. Planis transversis *de*, *fg*, *hi* distinguatur conus *APQ* in frusta

Xx 2 &

A

우주학자들은 이 두 용어를 밀도 변수density parameter라는 하나의 변수로 결합한다. 그 결과가 바로 임계 밀도에 대한 관찰된 밀도의 비율이며, 이는 그리스문자 오메가 'Ω'로 표시한다. 이 오메가 값이 1보다 크면 우주는 닫힌 것이다. 반대로 1보다 작으면 열린 것이다. 또한 오메가 값이 정확하게 1이면 우주는 완벽한 평면이라는 뜻이다.

그러나 기본적으로 고르게 보이지 않는 우주의 평균 밀도를 어떻게 추정할 수 있을까? 다행히도 아이작 뉴턴이 《자연철학의 수학적 원리》(1687, 보통 '프린키피아Principia'라고 부른다)라는 책에서 선보인 물리 법칙에 기댈 수 있다. 천문학자들은 이미 뉴턴 이전의 두 세기 동안 지구가 우주에서 우월적 위치에 있으며, 모든 것이 지구를 중심으로 돈다는 생각에서 어느 정도 벗어난 상태였다. 심지어 뉴턴은 태양도 특별하지 않으며, 특정한 관점에서 우주를 관찰하려는 그 어떤 경향도 버려야 한다고 생각한 과학자 중 하나였다.

이후 모든 우주론의 기초가 되는 뉴턴의 원칙은 가장 큰 규모에서는 우주가 균일성과 등방성等方性을 동시에 갖는다는 것이다. 다시 말해, 우주는 공간의 모든 곳에서 평균적 성질이 동일하며, 어떤 방향에서든 똑같아 보인다는 뜻이다. 이에 따라 우주에서 우리가 자리하는 특정한 지점에서부터 우주에 대해 어떤 결론을 내리든, 그 결론은 우주 전체로 적용할 수 있다.

그렇지만 이 원칙이 맞다면, 우리 태양계에서의 질량 분포에서 초은하단의 분포에 이르는 다양한 수준의 불균등성은 과연 어떻게 설명해야 할까? 답은 더 큰 단위로 나아가야 얻을 수 있다. 수십억 또는 수백억 광년 규모의 초대규모 우주 지도를 보면 동일성이 보인다. 우리 우주의 은하필라멘트와 거시공동은 크기가 줄어들면서 수없이 많은 비슷한 구조들과 합쳐져 실제로 모든 위치에서 같아 보이는 물질 분포를 이룬다. 이 과정은 거의 변화 없이 현재 우리가 관측 가능한 우주의 끝을 훨씬 넘어 계속될 것이다.

B

A 아이작 뉴턴의《프린키피아》(1687). 운동의 기본 법칙들과 어떻게 이 법칙들이 저항하는 매질에 의해 수정되어 모든 것에 적용되는 만유인력의 법칙으로 전환되는지 설명한다.

B 남쪽 하늘에 넓게 퍼져있는 약 200만 개의 은하들을 보여주는 이 지도는 우주의 물질 분포가 가장 큰 규모에서 어떻게 동일성을 갖는지 보여준다.

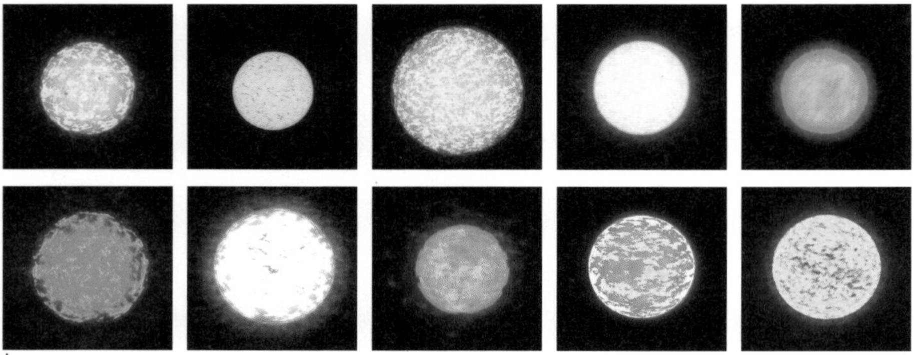

A

그렇다면 우주 전체 물질의 평균 밀도는 우리가 측정하는 부분의 밀도와 같아야 한다. 어떻게 측정할 수 있을까?

첫 번째 단계는 항성의 중요성을 이해하는 것이다. 이 빛나는 거대한 공들은 자신의 태양계 안에서 질량이 가장 많이 집중된 것이며, 동시에 그 태양계에서 나오는 빛의 상당 부분을 만든다.

물론 모든 항성이 다 같은 것은 아니다. 항성들은 질량도 다양하고 (태양 질량의 0.08배에서 10배까지) 총 에너지 출력, 즉 광도(태양 에너지 출력의 10만분의 1에서 100만 배까지) 측면에서는 더욱 다양하다.
이 에너지의 전부가 가시광선 형태로 방출되는 것은 아니다.
150년 동안의 연구 끝에 천체물리학자들은 스펙트럼 선에 남은 화학적 흔적 같은 단서들로부터 항성의 질량을 추측할 수 있는 경험법칙을 천문학자들에게 제공했다.

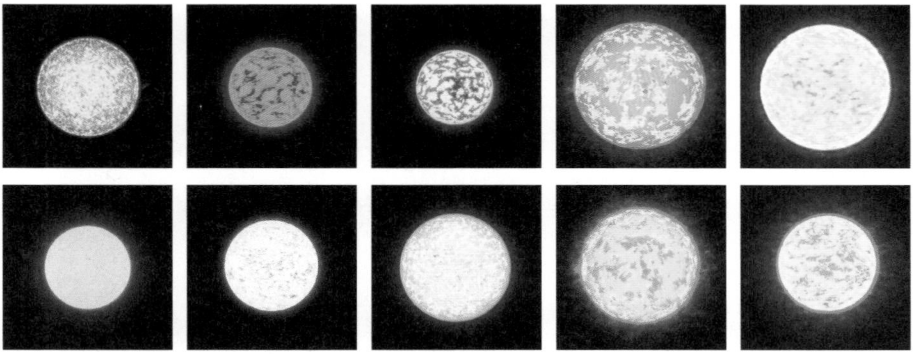

A 항성들은 광도, 색깔(표면 온도를 나타낸다) 같은 물리적 특징이 엄청나게 다양하다. 이런 특징은 근본적으로 항성의 질량, 화학적 구성, 항성의 수명 단계에 의해 결정된다. 이 항성 이미지들은 실험용으로 만들었다.

더 큰 문제는 우리 은하에 있는 다양한 유형의 항성들이 차지하는 비율을 추산해 우주에 있는 다른 은하들과 비슷한지 아닌지를 알아야 한다는 것이다. 이 지점에서 천문학자들은 도박을 할 수밖에 없다. 항성의 겉보기등급 apparent magnitude은 거리가 멀어지면 급격하게 떨어져서 아주 밝게 빛나는 청색과 흰색 항성(그리고 드물게 적색거성red giant)은 수백 또는 수천 광년 멀리에 있어도 밝게 보이지만, 희미한 적색왜성red dwarf은 우리 은하의 초입에 있는 것만 간신히 탐지할 수 있다.

겉보기등급
관찰자가 보는 천체의 밝기. 겉보기등급은 천체의 실제 밝기(광도 또는 '절대등급')와 관찰자까지의 거리에 의해 결정된다.

적색거성 수명이 거의 막바지에 이른 항성. 내부 구조의 변화 때문에 그 전 단계보다 몇천 배는 더 밝게 빛을 내며, 100배 이상까지 부푼다. 적색거성 단계는 항성 전체의 수명에서 비교적 짧은 단계다.

적색왜성 아주 희미한 빛을 내는 질량이 적은 항성. 표면 온도가 매우 낮다. 태양표면 온도의 절반 정도로 추정된다.

이 희미한 항성들의 숫자를 알아내는 최선의 방법은 우리 태양계 근처에서 이 항성들을 찾아내(이 항성들의 약한 빛에 더 민감하게 반응하는 적외선 망원경을 주로 이용한다) 그 데이터를 가지고 추정하는 것이다. 이 원리를 기반으로 하면 적색왜성이 밝은 항성보다 훨씬 더 많다는 것을 확인할 수 있다. 가장 가까운 60개 항성 중 50개가 육안으로는 거의 볼 수 없는 적색왜성이다. 또한 적색왜성의 질량은 태양 같은 항성의 몇 분의 1밖에 되지 않지만, 워낙 수가 많아 우리 은하 내 총 항성 질량의 절반 이상을 차지할 것으로 보인다.

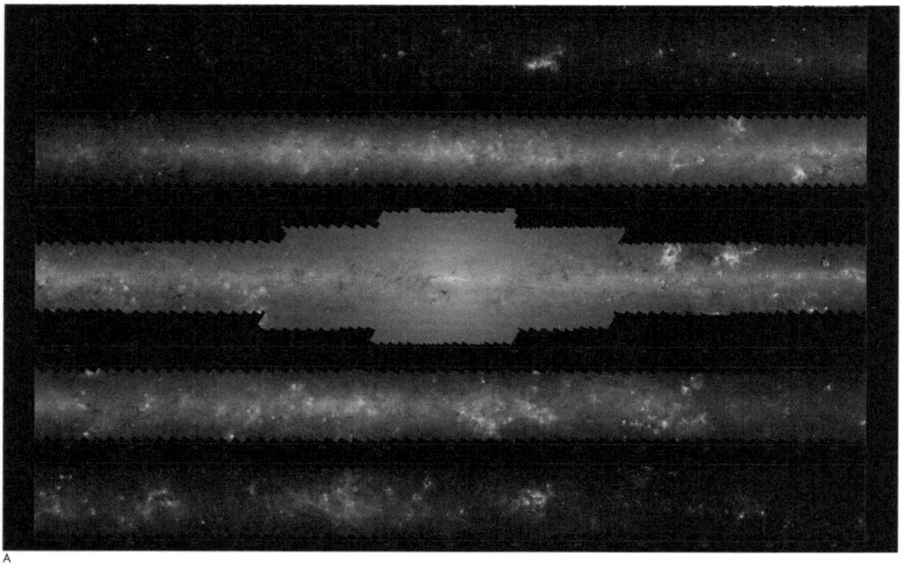

A

A　은하의 중심을 적외선 망원경으로 계속 관찰했더니 서로 다른 온도를 가진 가스, 먼지, 항성들의 존재를 확인할 수 있었다.
B/C 발광성운으로 불리는 밝은 가스와 먼지 구름이 나선 은하 안에서 새로운 행성이 태어나는 지역을 나타낸다. 지구에서 보이는 하늘에서 가장 눈에 띄는 것은 용골자리 성운(위)과 오리온 성운(아래)이다.

반드시 고려해야 할 또 다른 요소는 우리 은하를 비롯한 은하들에서 항성의 분포가 고르지 않다는 사실이다. 나선 은하 spiral galawy에는 청색과 흰색 항성이 지배한다고 예측되는 원반이 존재한다. 이로 인해 분명한 나선 모양을 확인할 수 있다. 그러나 이 지배 현상은 어떤 항성이 가장 많은 빛을 내는지에만 연관된다. 숫자로 봤을 때는 적색왜성이 여전히 엄청나게 더 많다.

나선 은하의 중심 근처에서 항성의 형성 속도는 점점 줄어든다. 그렇지만 왜성의 숫자와 밀도는 훨씬 더 많아지고 높아져, 왜성들은 빛의 주요 원천이 된다. 멀리서 보면 개별적으로는 별로 밝지 않은 별들이 뭉쳐서 나선의 팔 부분보다 훨씬 밝은 중심 부분을 이룬다.

이 규칙은 타원은하elliptical galaxy, 불규칙은하irregular galaxy 등 종류에 따라 미세하게 변할 수는 있지만 원칙적으로 이 방법을 이용하면 유형, 밝기, 거리(1장에서 살펴본 세페이드 변광성이든, 적색편이로부터 계산하든 간에)에 기초해 은하 내 항성 숫자와 항성 분포를 추정할 수 있다.

그렇지만 역시 항성보다는 은하에 더 많은 것이 있다. 대부분의 은하들은 엄청난 양의 성간 가스와 성간 먼지로 채워졌다. 이 물질들로부터 새로운 항성들이 생기고, 이 항성들이 나이를 먹고 사라지면서 대부분의 질량은 은하 안에서 재활용된다. 성간매질ISM, interstellar medium이라는 이 물질의 질량은 적어도 우리 은하에서는 항성들의 질량을 모두 합친 것의 15% 정도를 차지하고 있는 것으로 추정한다. 따라서 은하 내 모든 항성과 성간매질 질량의 총합은 태양 질량의 500억~700억 배 정도로 볼 수 있다.

타원 은하 공 모양으로 생긴 은하로 대부분 오래된 적색 항성과 황색 항성으로 구성돼 있으며 항성을 만드는 가스나 먼지는 거의 포함돼 있지 않다. 타원 은하는 수만 개의 항성으로 이뤄진 작고 흩어진 성운에서 은하수보다 훨씬 크고 1조 개 이상의 항성을 포함하는 거대한 타원 은하 에 이르기까지 크기가 다양하다.

불규칙 은하 가스, 먼지, 새로 생긴 항성들이 많이 포함된, 특별한 형태를 나타내지 않는 은하. 일반적으로 은하수보다는 작다.

성간매질 (대부분은 빅뱅 동안 형성된 수소와 헬륨이며 여기에 일생 동안 항성들이 생성한 무거운 원소들이 섞인) 가스와 항성들 사이에 존재하는 먼지가 섞인 혼합물.

B

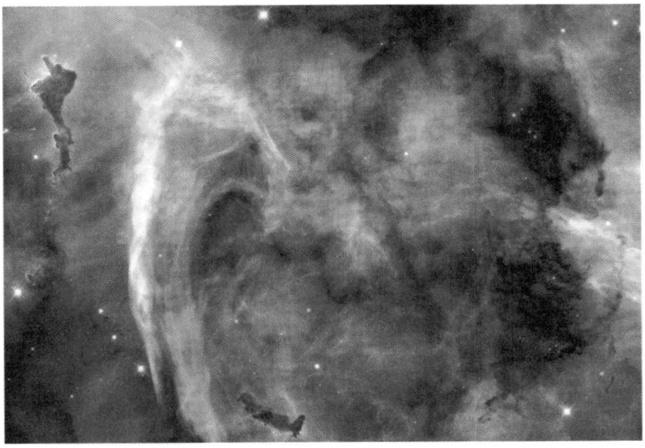

C

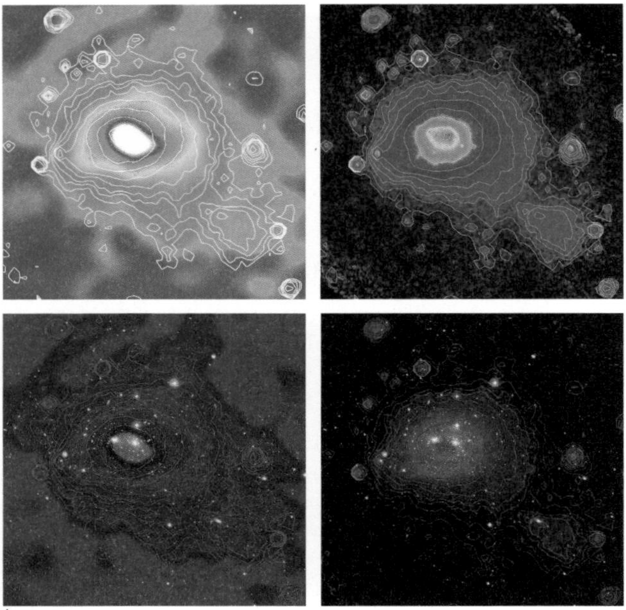
A

프리츠 츠비키(1898~1974)
스위스 출신 미국의 천문학자. 은하단에서 암흑물질을 발견한 것으로 잘 알려졌다. 초신성 폭발과 초고밀도 중성자별의 연관 관계를 밝히고, 은하들이 전부 중력 렌즈로 작용한다고 예측하는 등 다른 중요한 연구를 하기도 했다.

질량중심
큰 물체(또는 모인 물체들)의 질량이 집중되었다고 생각할 수 있는 점. 물체가 더 먼 거리에 있는 물체에 미치는 영향을 간단하게 계산하기 위한 개념이다.

은하는 항성, 가스, 먼지를 합친 것 이상의 존재다.

물론 은하에는 다른 것도 존재한다.
은하 내에 존재하는 일반적인 나머지 모든 것들의 질량을 합한 것보다 약 4배의 질량을 가진 신비스러운 암흑물질dark matter이 그것이다. 사실 이 이름은 오해하기 쉽다.
어둡기만 한 게 아니다(그 어떤 전자기파 방출로도 탐지해낼 수 없다).
실은, 볼 수도 없고 투명하기까지 하다.
빛과 그 어떤 상호작용도 하지 않으며, 오로지 암흑물질에 의한 중력 작용을 통해서만 탐지 가능하다.

1933년 암흑물질의 존재가 처음 알려졌다. 우리 은하 너머에 다른 은하들이 존재한다는 사실을 확인하고 츠비키Fritz Zwicky는 다른 은하들에 영향을 미치는 어떤 방식에 기초해 은하단 내부, 은하의 질량을 측정할 수 있다는 사실을 알게 되었다.

원리는 간단하다. 어떤 물체가 질량이 더 큰 다른 물체 주위를 도는 속도는 두 물체 사이의 거리와 궤도의 중심을 이루는 물체의 질량에 의해 결정된다. 예를 들어, 태양의 질량이 갑자기 2배가 되면 지구는 태양과의 거리를 그대로 유지하려고 훨씬 더 빨리 태양 주위를 돌아야 할 것이다.

문제를 단순화하기 위해 츠비키는 은하단 내 개개의 은하들이 질량중심centre of mass의 주위를 도는 비행기라고 생각했다. 이 질량중심은 사실상 은하단 전체의 질량이 모인 곳이다. 츠비키는 머리털자리 은하단에 이 가정을 적용했다. 그리고 개개의 은하가 은하단이 내는 빛을 기준으로 예측한 것보다 400배 이상의 속도로 은하단의 질량중심을 돌고 있다는 사실을 입증했다.

A CMBR과의 상호작용(왼쪽 위)과 엑스선 방출(오른쪽 위)을 이용해 머리털자리 은하단 내의 질량 분포를 이미지로 만들었다. 아래 그림들은 위의 밀도 지도들과 은하계 내의 빛나는 물질의 분포 상태의 대비를 선명하게 보여주고 있다.

B 나사 연구자 게리 프레조에 따르면 암흑물질은 지구(위)와 목성(아래) 같은 무거운 천체들 주위에 머리털 같은 형태로 집중된 것으로 보인다.

B

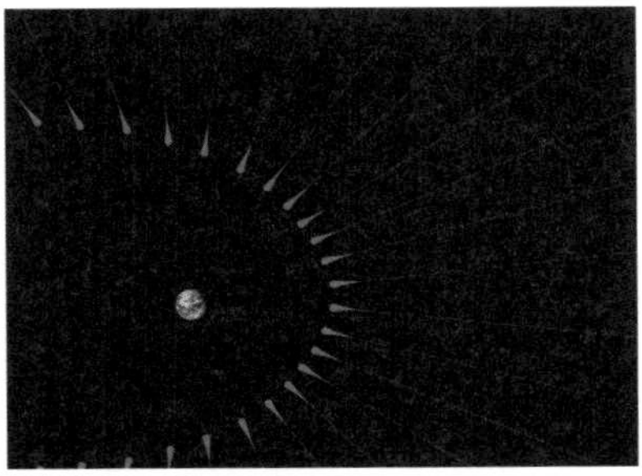

C

A

B

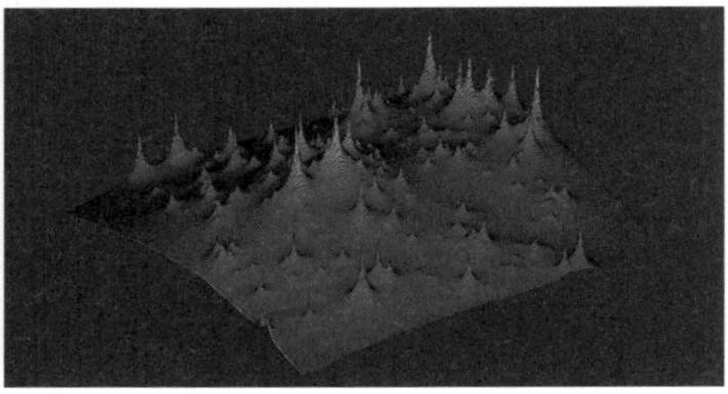

C

츠비키는 이 미지의 신비한 물질에 암흑물질이라는 이름을 붙였지만, 처음에는 거의 인정받지 못했다. 제2차 세계대전이 끝난 후 우주 기반 천문학space-based astronomy 시대가 열리면서 천문학자들은 질량을 가진 물체가 있어야 하는데, 관찰할 수 없는 것은 이전에 탐지되지 않은 거대한 구름 때문이라고 생각했다. 이 구름은 엑스선과 라디오파의 원천으로 대부분의 은하단 중심에서 볼 수 있었다.

은하들이 나이를 먹고 사라지는 과정에서 밀려나 떨어진다고 생각했던 이 '은하단 가스'가 츠비키의 사라진 질량의 많은 부분을 설명했지만, 전부를 풀지는 못했다. 1975년 루빈Vera Rubin은 똑같은 현상이 지구에서 훨씬 가까운 은하 내부에서도 일어난다는 사실을 확인했다.

우리 은하의 질량을 계산하기 위해 몰두하던 루빈은 은하 회전 곡선 (항성들이 은하계의 중심 궤도를 서로 다른 거리에서 도는 속도)을 계산하면서 보이는 모든 항성들, 성간 먼지, 다양한 종류의 성간 가스로는 우리 은하에서 중력장 전체의 약 6분의 1밖에는 설명할 수 없다는 것을 알게 되었다.

우주 기반 천문학 가시광선과 일부 라디오파를 제외하고, 지구의 대기가 빛을 통과시키지 않기 때문에 지표 표면에서는 불가능한 우주를 관찰하기 위해 위성 같은 첨단 기술을 이용하는 천문학의 한 분야다.

베라 루빈(1928~2016) 은하의 회전에서 암흑물질을 발견한 것으로 잘 알려진 미국의 천문학자. 은하들이 1억 광년 떨어진 가까운 우주를 지나는 특정한 방향으로 움직인다는 주장으로 논란을 불러일으키기도 했다. 그러나 이 주장은 광대한 초은하단의 존재에 대한 최초의 증명이 되었다.

중입자 물질 전자기력을 포함한 자연의 근본적인 힘에 영향을 받는 흔한 형태의 물질.

중력 마이크로 렌즈 중력렌즈 효과의 단기적 형태. 항성처럼 멀리 떨어진 천체에서 오는 빛이 밀도가 낮은 물질을 지날 때 그 물질의 중력 때문에 빛의 경로가 왜곡되는 현상을 말한다.

1970년대 후반 다른 천문학자들이 루빈의 발견을 지지하면서, 본격적으로 암흑물질의 탐색이 시작되었다. 설명은 2가지로 갈렸다. 하나는 사라진 질량이 속이 가득 차 있고 희미하거나 어두운 물질들의 질량으로, 일반 물질 또는 중입자 물질baryonic matter로 이뤄졌다는 것이다. 이는 은하 원반 위아래의 헤일로지역에서 어슬렁거리는 소위 무거운 고밀도 헤일로 천체(Massive Compact Halo Object, 마초라는 별명으로 불린다)를 말한다. 이 천체들의 후보군에는 떠돌이 행성, 블랙홀, 전소해 희미해진 왜성 등이 포함되지만 중력 마이크로 렌즈gravitational microlensing를 이용해 이 천체들을 샘플링했다. 그 결과 이런 천체들은 거의 없었고, 사라진 질량의 양 전체에도 대개 영향을 미치지 않을 거라는 결론에 이르렀다.

D

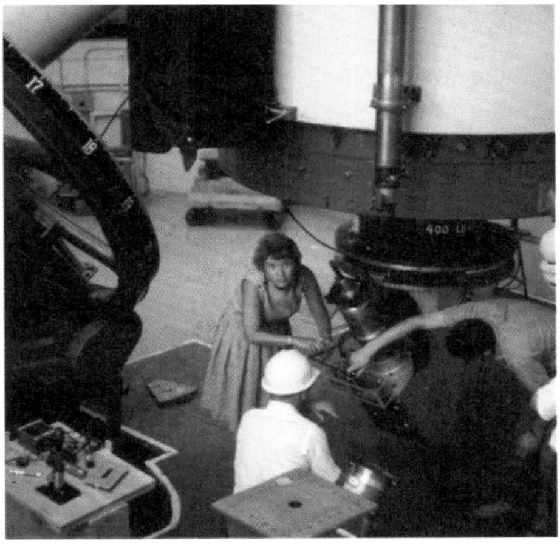

E

A 머리털자리 은하단은 대부분 타원형인 은하 1,000개 정도가 모인 은하집단이다. 지구에서 3억 2,000만 광년 떨어져있다.
B 은하단 내 각각의 은하들의 움직임을 보고 츠비키는 은하단 내부에서 보이는 물질들에 의한 것보다 은하가 더 큰 중력의 영향을 받고 있다는 사실을 알게 되었다.
C 현대 천문학자들은 은하단의 서로 다른 지역들에서 나타나는 중력 효과를 측정하는 다양한 방법을 통해 암흑물질의 분포상태를 알 수 있게 되었다.
D 베라 루빈과 동료들이 1965년 애리조나 플래그스태프 로웰 천문대에서 장비를 점검하고 있다.
E 엑스선 데이터(보라색)와 가시광선(노란색)을 합치면, 아벨1689(Abell 1689) 은하단 내부와 그 주위에 뜨거운 가스가 뭉쳐있는 것을 확인할 수 있다.

A

또 하나는 별난 물질의 존재다. 질량을 가지고 있으며 중력에 영향을 받지만, 어떤 이유로든 전자기파와의 상호작용은 하지 않는 새로운 입자들을 말한다. 이 약하게 상호작용하는 무거운 입자WIMP는 본질적으로 가상의 존재지만, 오늘날 암흑물질의 가장 유력한 후보다. 그것들이 존재한다는 가장 정교한 증거는 이 입자들의 구름으로 보이는 것들이 상호작용해 먼 은하단들의 중력렌즈 효과에서 왜곡 무늬를 나타내는 지도에서 찾을 수 있다.

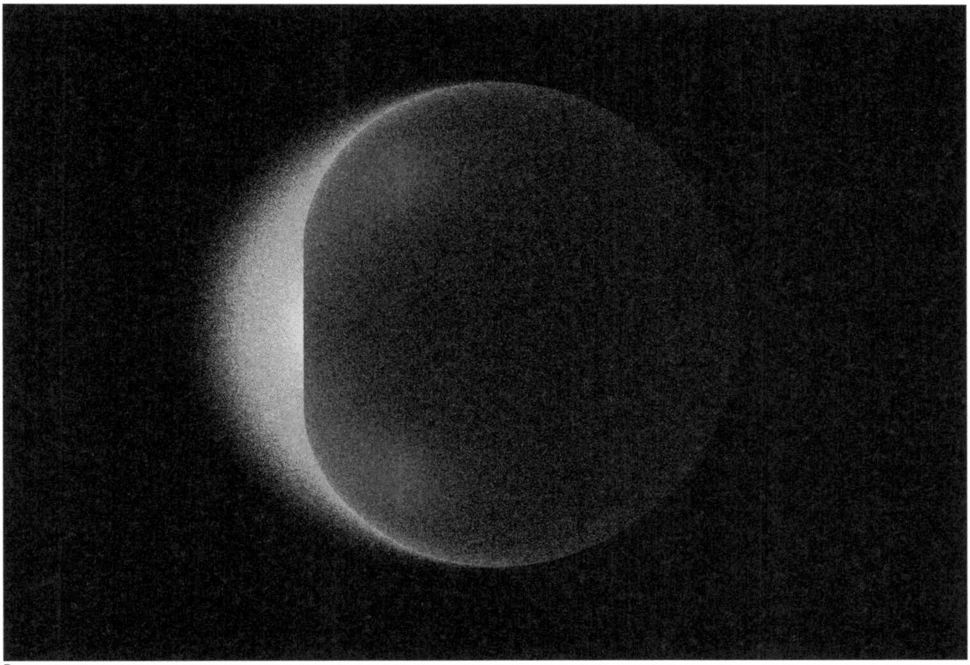

B

그러나 엄청난 양의 암흑물질이 있다고 해도, 우주의 밀도에 대한 추정치는 임계 밀도 훨씬 아래에 머무른다. 오메가 값이 1에 훨씬 못 미치는 것이다.

그렇다면 우주는 확실히 열려있다고 말할 수 있을까?

다행히도 이 문제를 다룰 수 있는 또 다른 방법이 있다. 현재의 우주를 관측한 값들로 추측한 어림치들을 독립적으로 교차 확인하는 방법이다. 이는 2장에서 다룬 CMBR, 그러니까 우리가 볼 수 있는 가장 먼 곳에서 온 우주 초기의 빛에 숨어있다.

A 화로자리 왜소은하(dwarf galaxy) 같은 것은 드문드문 흩어진 항성들의 구름이다. 주로 암흑물질이 이 항성들을 함께 묶는 역할을 한다고 여긴다.

B 암흑물질이 블랙홀의 사건의 지평선*(Event Horizon, 한 지점에서 일어난 사건이 어떤 영역 바깥쪽에 있는 관측자에게 아무리 오랜 시간이 걸려도 아무런 영향을 미치지 못할 때 그 시공간 영역의 경계를 뜻한다.) 쪽으로 떨어지면서 고 에너지 감마선이 생성되는 과정을 보여주는 컴퓨터 시뮬레이션. 감마선 방출로 이 신비스러운 암흑물질에 대해 더 많은 것들을 알 수 있게 되었다.

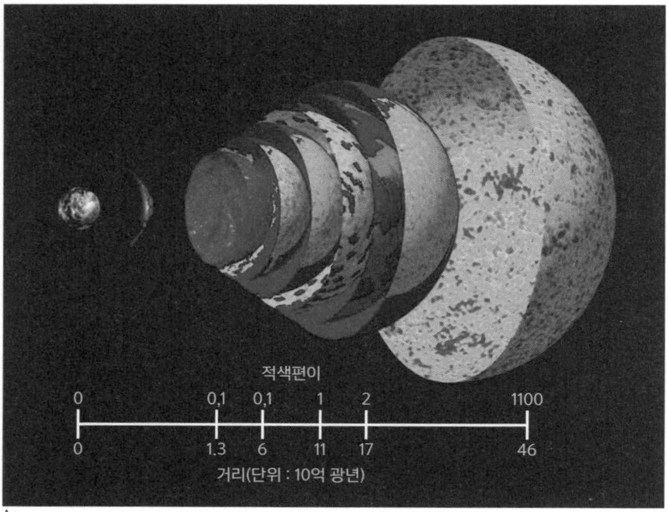

A

켈빈 절대영도(가능한 가장 낮은 온도). –273.15도씨에서 시작하는 온도 측정 단위다. 켈빈 1도 차이는 섭씨 1도(1℃) 차이다.

CMBR은 젊은 우주의 역사에서 매우 특정한 때를 가리킨다. 우주가 투명해진 순간 말이다. 빅뱅 직후 우주는 아원자 입자들로 가득 차 불투명했다. 빛을 이루는 광자들이 짧은 거리를 이동하다 물질 입자들과 상호작용해 다른 방향으로 튀어나간 것이다.

하지만 우주가 팽창하고 물질의 밀도가 낮아지면서 우주의 온도도 낮아졌다. 빅뱅 발생 몇 분 만에 온도는 양성자와 중성자가 결합할 수 있을 정도로 낮아졌고, 이때 가장 단순한 원자핵들이 만들어졌다. 그렇지만 아직 엄청난 수의 전자들은 이 원자핵들의 주변 궤도에 잡혀 있었다. 원자를 구성하기에는 에너지 준위가 너무 높은 상태에 머물러 있었던 것이다. 이 원자핵들이 결국 전자들을 붙잡을 수 있던 것('재결합'이라는 이름으로 알려진 과정)은 우주 온도가 약 3,000켈빈kelvin 밑으로 떨어진 38만 년 후였다. 입자들의 밀도가 갑자기 떨어지면서, 빛이 직선으로 움직이게 되자 모든 방향으로 움직여 CMBR을 만든 것이다.

CMBR이 어디서 온 것인지 알게 됐다면, 이것이 밀도 변수에 대해 뭔가 중요한 단서라고 생각할 수 있다. 우주의 온도가 떨어지던 속도와 분리가 일어나던 순간은 둘 다 물질이 초기 우주에 얼마나 빽빽하게 채워져 있었는지를 알려주는 척도가 되기 때문이다.

게다가 CMBR의 물결무늬, 즉 전체 밀도에서 약간 차이가 존재한다는 사실을 보여주는 온도의 미세한 변화를 보면 훨씬 더 많은 것을 알 수 있다. 초기 우주에서 튀어나간 모든 빛은 안으로 당기는 중력을 이겨낼 정도로 강한, 밖으로 나가는 압력을 발생시켰지만(그리고 보통 물질이 서로 뭉쳐 덩어리를 이루는 걸 방해했지만) 암흑물질은 같은 효과에 영향을 받지 않았다. 때문에 빅뱅 때 생성된 물질들이 조금씩 존재하는 곳 주위에서 뭉치기 시작했다.

물결무늬의 강도는 이 2가지 서로 다른 종류의 물질들 간의 비율을 알려준다. 나사의 윌킨슨 마이크로파 비등방성 탐색기(WMAP) 같은 위성의 관측 결과, 우주는 현재 1입방미터 당 약 2.8×10^{-30}그램의 질량(0.0000000000000000000000000000028g/㎥)을 포함한다. 이 숫자는 1입방미터 당 수소 원자 약 1.7개가 있다는 뜻이며, 현재의 우주 관측 값으로부터 물질의 밀도를 역산해 추정한 수치와도 맞아떨어진다. 또한 오메가 값이 1보다 훨씬 작으며, 우주가 확실히 열려있다는 뜻이기도 하다.

이제 다 해결됐다고 생각할 수도 있지만, 아직 문제가 하나 더 남았다. CMBR은 밀도 변수를 직접적으로 재확인할 수 있는 또 하나의 독립적인 방법을 제공한다. 이로 인해 놀라우면서도 모순적인 결과를 얻을 수 있다.

A 그림의 반구들은 다양한 거리에 있는 우주의 물질 밀도와 적색편이를 보여준다. 이 그림은 가까운 우주에 있는 은하들의 분포와 CMBR 구조(제일 큰 반구) 사이의 상관관계를 나타내기도 한다.

B 윌킨슨 마이크로파 비등방성 탐색기가 만든 CMBR 지도. 온도가 낮고 밀도가 높은 곳은 파란색으로, 온도가 높고 밀도가 낮은 곳은 빨간색으로 표시된다.

B

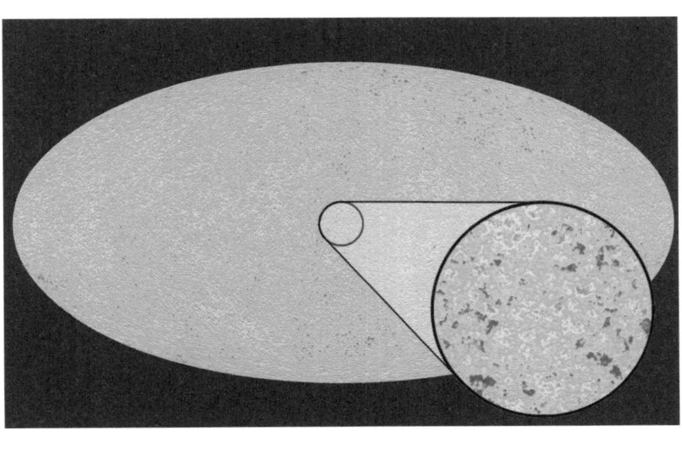

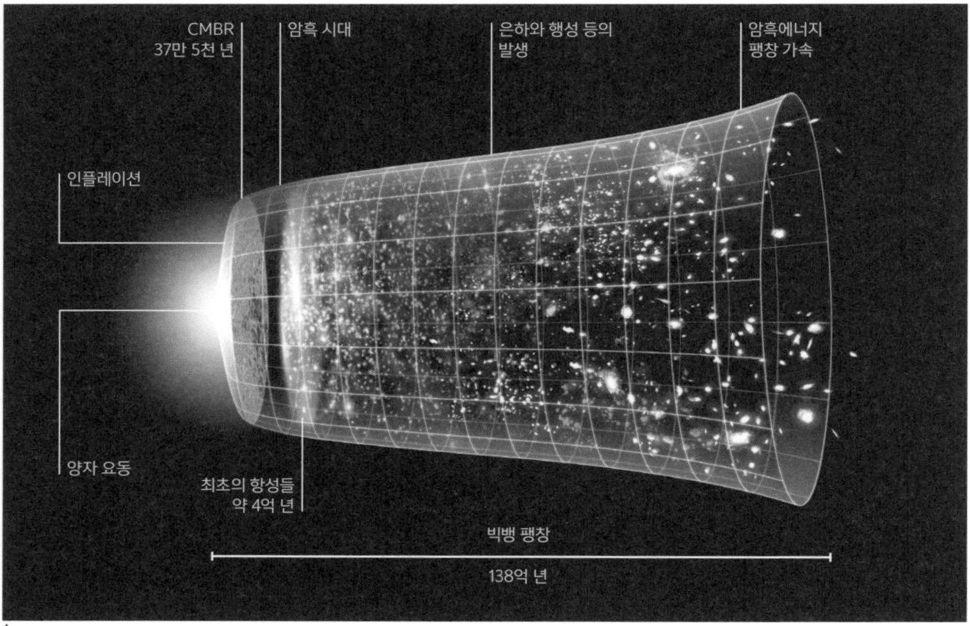

A

간단한 기하학 문제다.

앞에서 이미 살펴보았듯, 우주의 곡률은 오메가 값에 따라 달라질 수 있다. 이에 따라 빛은 먼 거리에서 수렴하거나 발산한다. 이것은 곡률이 엄청나게 먼 곳에 있는 물체들의 겉보기 크기에 영향을 미친다는 뜻이기도 하다.

양의 곡률은 빛이 수렴하면서 멀리 있는 물체들이 커 보인다는 의미고, 음의 곡률은 빛이 발산해 물체들을 작게 보이도록 만든다는 뜻이다. 분명한 점은 이런 효과가 측정 가능할 정도로 나타나려면 우리가 볼 수 있는 물체가 우리에게서 얼마나 멀리 떨어져있는지 알아야 한다.

다행히도 답은 우리가 볼 수 있는 가장 먼 구조 안에 있다. CMBR의 물결무늬다. 다른 측면에서 봤을 때 우주학자들은 원자가 구성된 재결합 시기 이전에 어떤 구조들이 자라 어느 정도 크기가 됐는지, 가장 밝은 마이크로파 물결이 하늘에서 나타나는 각도는 얼마인지 계산할 수 있었다(대략 1도 정도, 즉 보름달의 2배 크기 정도에 걸쳐 나타난다).
과학자들은 이 물결들이 예상한 크기만큼 정확하게 나타난다는 사실을 물결에 해당하는 빛들이 우주에서 460억 광년 거리를 날아오면서 평행 상태를 유지했다는 것을 알려주는 신호로 받아들이고 있다. 따라서 물결무늬들은 현재의 측정 기술의 한계 안에서 우주가 기하학적으로 평평하다는 것을 독립적으로 보여주는 증거이기도 하다.

그런데, 잠시만 생각해보자. 평평한 우주는 밀도 변수 오메가가 정확하게 1이라는 뜻이다. 그렇지만 중입자 물질과 암흑물질을 합쳐도 1이 나올 정도로 질량이 늘어나진 않는다.
도대체 어떻게 된 일일까? 이 질문에 대한 '이상한 대답'이 나온 지는 불과 20년 밖에 되지 않았다. 그러나 이 답은 우리가 아는 우주에 대한 지식을 완전히 뒤집는 것이었다.

B

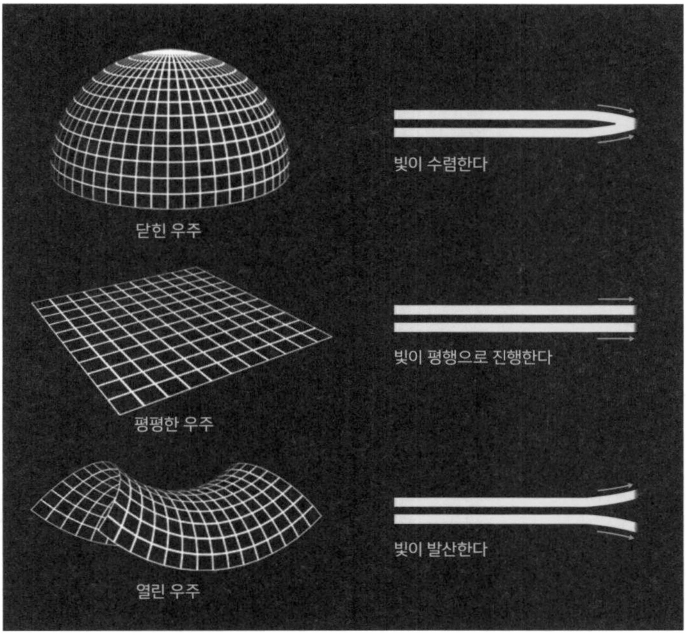

A 우주학자 대부분은 빅뱅 직후 우주가 급속하게 팽창했으며 (인플레이션이라고 부르는 현상) 그 이후로 끊임없이 팽창하고 있다는데 동의한다. 암흑에너지를 발견하면서 우주의 팽창 속도는 늦어지는 것이 아니라, 빨라지고 있다는 추측이 가능하게 되었다.
B 우주의 가능한 모양들이 빛의 진행 방향에 미치는 영향. 위에서부터 양의 곡률(수렴하는 빛), 평평한 시공간(평행한 빛), 음의 곡률(발산하는 빛)이다.

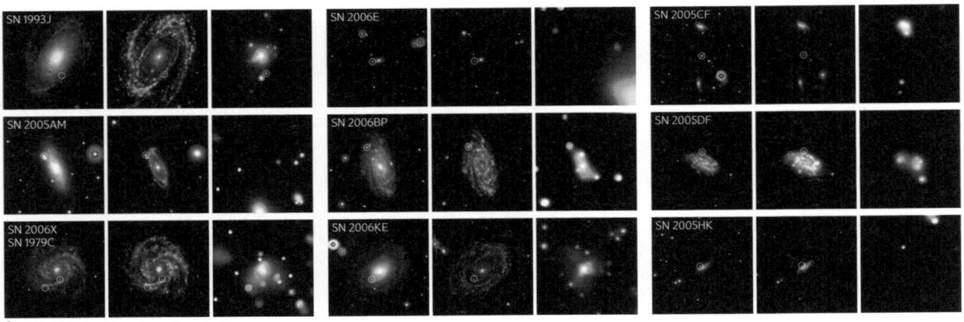

A

1990년대 중반, 허블우주망원경이 수집하는 우주 팽창 데이터를 시험하기 위한 독자적인 방법을 찾던 천문학자들은 기발한 방법을 생각해냈다. 그동안 거리 측정을 위해 표준으로 사용한 세페이드 변광성 방법을 다른 방식으로 바꿀 수 있는 기회가 생긴 것이다. 이론을 통해 모델을 만든 결과에 따르면, Ia형 초신성Type Ia supernova이라는 특정 유형의 항성은 폭발할 때 항상 같은 양의 에너지를 방출했다. 따라서 광도의 최고치도 항상 같았다. 이론적으로, 이 초신성을 '표준 촛불'로 사용할 수 있었다. 지구의 하늘에서 관찰되는 이 초신성의 겉보기 밝기와 고유 광도를 비교하면, 지구에서 초신성까지의 거리를 정확하게 측정할 수 있었다.

그런데 심각한 문제가 하나 있었다. Ia형 초신성은 매우 드물다는 것이었다. 은하계 같은 은하에서는 1,000년에 한 번 나타나는데, 설사 발견한다 해도 최대 밝기를 낸 후 사라지는 데까지 걸리는 시간이 몇 주밖에 되지 않았다. 짧은 시간 안에 Ia형 초신성을 많이 찾아내려면 수천 개의 은하를 오랫동안 관찰하는 수밖에 없었다. 컴퓨터 천문학computerized astronomy이 등장하기 전까지는 사실상 불가능했다. 게다가 이 초신성 유형은 우리 우주의 배경보다 훨씬 더 먼 거리에서 발견될 확률이 높았다 (더 먼 곳일수록 우리가 선택할 수 있는 은하가 많기 때문이다).

Ia형 초신성
자신의 무게를 지탱하지 못할 정도로 커져 갑자기 블랙홀로 붕괴되는 중성자별이 일으키는 항성 폭발. 특정 임계 질량에 도달하면 늘 나타나는 현상이다. 때문에 이 폭발은 항상 일정한 양의 에너지를 방출하며 광도의 최고치도 항상 같다.

컴퓨터 천문학
컴퓨터, 전자 CCD 탐지기 등의 장치를 대규모로 사용해 데이터의 수집과 가공을 자동화하는 천문학의 한 분야다. 하나의 망원경으로 천체를 한 번에 하나씩 관찰하지 않고, 수백 개씩 관찰해 데이터를 낸다.

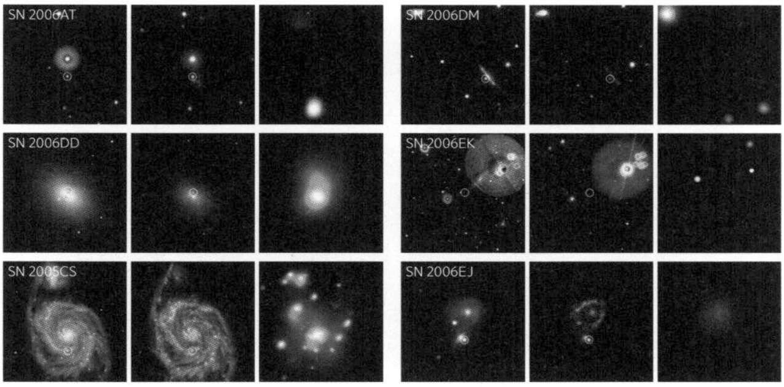

A 가시광선, 자외선, 엑스선으로 잡은 초신성의 팽창 장면. 초신성은 은하 전체보다 더 밝게 빛나며 (적절한 유형이라면) 우주의 거리를 쉽게 측정할 수 있게 한다.

B 고물자리 신성 V445. 현재 2개의 '쌍극' 껍질 안에 있는 물질들을 방출하고 있는 근접 쌍성계로 Ia형 초신성의 유력 후보다.

그럼에도, 이 방법은 '초신성 우주학'을 먼 거리에서의 우주 팽창을 확인할 수 있는 도구로 만들었다. 실제로 국제 하이제트 초신성 수색팀과 캘리포니아 소재 초신성 우주학 프로젝트팀은 이 이론의 검증을 시도하기도 했다. 이 과정에서 적색편이가 상당히 진행된 초신성 42개와 비교적 가까운 우주에 있는 초신성 18개로부터 데이터를 수집했다. 적색편이가 이렇게 진행되었다는 사실은 초신성들이 지구에서 수십억 광년 떨어져 있다는 뜻이다.

초신성은 세페이드 변광성들보다 월등히 크게 보이기 때문에 이 방법을 이용하면 허블우주망원경의 키 프로젝트보다 훨씬 더 먼 곳의 천체를 측정할 수 있다. 이 방법은 천문학자들이 더 먼 곳의 초신성들이 적색편이와 허블 상수를 합쳐 계산한 것보다 더 밝을 거라는 예측을 가능하게 했다. 또한 천문학자들은 우주 팽창 속도가 빅뱅 이후 조금은 늦어졌다는 이유로 초신성들이 예상보다 조금은 가까울 거라고 생각하게 됐다.

B

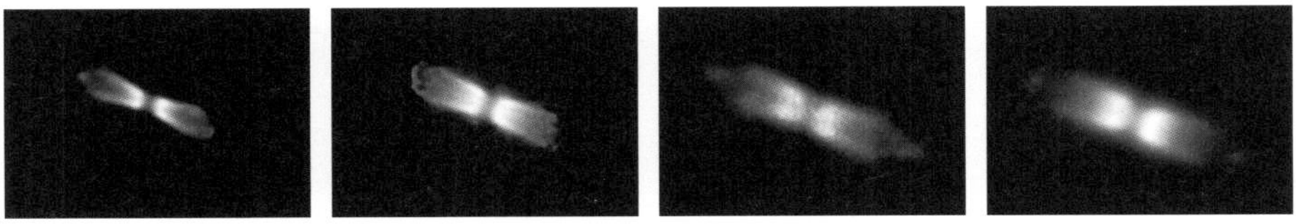

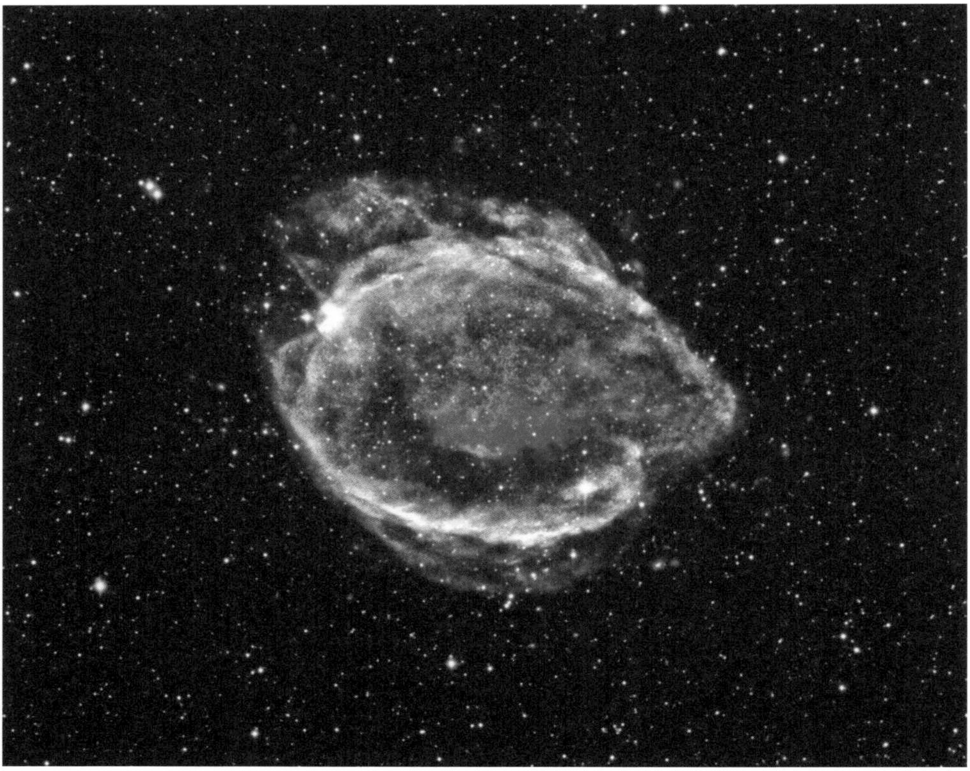
A

그러나 사실은 정반대였다. 먼 거리의 초신성은 적색편이로 예상보다 더 희미했다. 다른 설명을 찾으려고 몇 달을 시도하던 끝에 1998년 천문학자들은 결국 우주 팽창은 실제로 가속되고 있다는 증거를 발표할 수밖에 없었다.

그 일이 있은 후 미국의 우주학자 터너Michael Turner(1949~)는 이 팽창의 원동력이 되는 힘을 암흑에너지라고 명명했지만, 이것은 신비한 힘이 실제로 존재한다는 의미 이상은 아니었다. 20년이 지난 지금도 우리는 이 기본적인 문제에 대해 그 이상의 발견을 하지 못했다. 우주학자들 대부분은 암흑에너지가 우주 팽창을 가속시키고, 시간이 지나면서 변화한다는 사실을 관찰을 통해 확인했을 뿐이다. 물론, 이 에너지가 실제로 존재한다는 것에는 모두가 같은 생각이다.

중력에 의한 꾸준한 감속을 암흑에너지가 억제해 팽창 속도가 증가하기 시작한 약 70억 년 전까지, 우주의 팽창 속도가 실제로는 느려지고 있었던 것 같다.

이 책은 암흑에너지의 정확한 성질보다는 이것이 존재한다는 단순한 사실에 집중하고 있지만, 다른 경쟁 이론들도 간단하게 짚고 넘어가자.

먼저, 우주상수이론이 있다. 1915년 아인슈타인의 주장을 떠올리게 하는 이론이다. 우주에는 빅뱅으로 인한 팽창을 넘어서 시간이 지남에 따라 팽창하게 만드는 어떤 고유한 성질이 있다는 것이다. 실제로 이 성질은 고정된 부피를 가진 공간이 본래부터 가지고 있는 미세한 양의 에너지를 말한다. 어떤 방식으로든 에너지는 중력이 안으로 끌어당기는 힘에 맞서는 반발효과를 만든다는 의미기도 하다. 가까운 우주에서는 탐지할 수 없는 이 효과는 먼 거리에서만 분명하게 나타난다. 또한 이 효과는 우주 공간의 부피가 늘어나면서 시간이 지날수록 더 커지며 암흑에너지가 시간이 갈수록 더욱 강해진다는 증거와 딱 맞아떨어진다.

A Ia형 초신성의 유해 안에서 뜨거운 가스가 팽창하는 모습을 찬드라 엑스선 망원경이 촬영한 사진에 색깔을 입혔다. 이 폭발은 비정상적으로 한쪽으로 치우친 모습을 보인다.

B 3개의 우주론에서 우주의 진화를 보여주는 그래프. 기존 아인슈타인의 상대성 모델(초록색), 암흑에너지에 의해 가속된 우주(빨간색), 암흑에너지 없이 우주의 가속을 설명하는 최근 모델(파란색). 각각의 선은 왼쪽 그림의 우주 구조 예측 모델에 각각 해당한다.

B

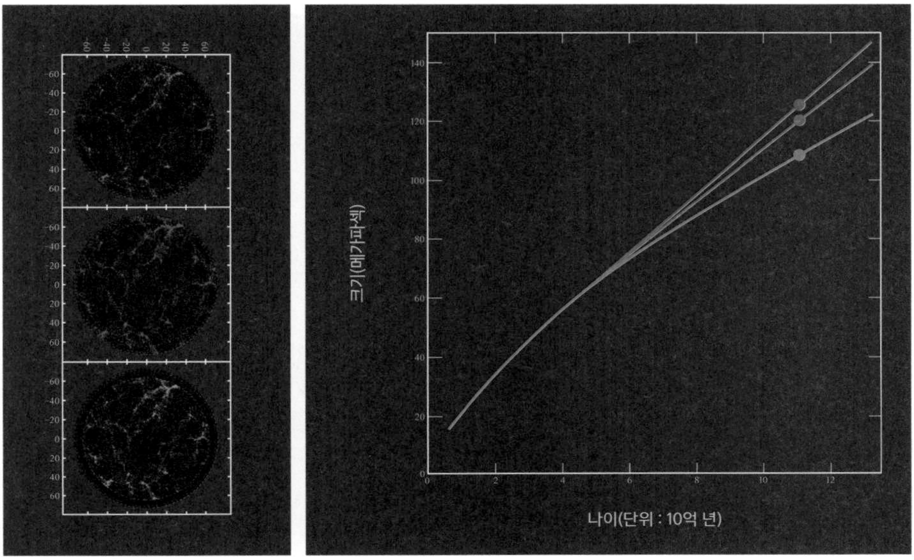

가장 중요한 대체 이론은 이른바 제5원소이론이다. 이 이론은 암흑에너지를 일관성 없는 성질을 가진 어떤 것, 다시 말해 우주의 특정 지역에서 축적되어 다른 것들보다 우주를 더 많이 팽창하게 만드는 어떤 것이라는 점에서 우주상수이론과 구별된다. 제5원소이론은 여러 가지 형태가 있지만 모두 암흑에너지를 중력, 전자기력, 원자 핵 안에서 작용하는 힘들 다음의 5번째 근본적인 힘이라고 본다.

암흑에너지의 성질이 어떻든간에, 이것은 우리 우주가 평평한 형태로 관측되는 이유를 놀라울 정도로 잘 설명한다. 안으로 당기는 중력의 힘에만 관여하지 않고 팽창을 가속화하지만, 암흑물질은 우주 전체의 에너지에 확실하게 영향을 미치고 있다. 아인슈타인이 특수상대성이론에서 밝힌 $E=MC^2$에 따라 질량도 가지고 있어서, 밀도 변수를 1에 근접시킨다.

A

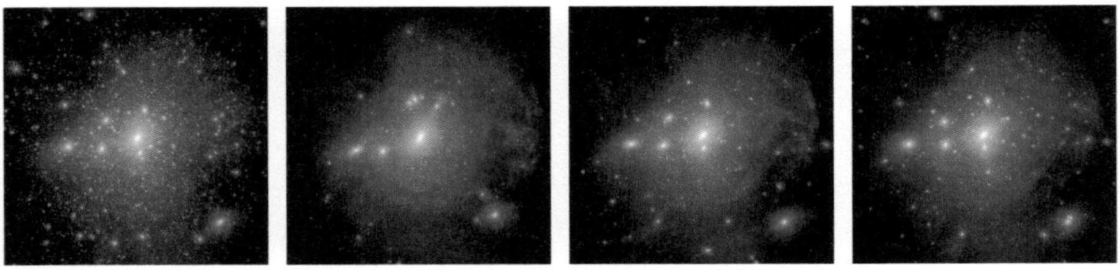

B

C

윌킨슨 마이크로파 비등방성 탐색기를 비롯한 다른 위성들의 CMBR 측정치에 따르면 우주의 질량/에너지 비율은 이렇다. 일반적인 중입자 물질은 4.9퍼센트에 불과하고, 암흑물질이 26.8퍼센트, 암흑에너지가 놀랍게도 68.3퍼센트를 차지하고 있다. 그렇다면 우주는 평평하게 보일 수밖에 없다. 평행한 선은 실제로 평행하고 가장 큰 규모로 우주의 3차원 격자 축들을 서로 직교 상태orthogonal로 유지하며, 관측 가능한 우주의 한계를 훨씬 뛰어넘어 계속된다는 얘기다. 하지만 그럼에도, 암흑에너지는 이상한 성질을 가지고 있어서 계속해서 더 빠른 속도로 커지고 있다.

이제 2가지 문제가 남았다. 이 방법이 우리 우주의 모양을 해석할 수 있는 유일한 방법인가? 만일 그렇다면 이 방법은 우주의 미래에 어떤 의미를 가질까?

직교 상태 방향들이 서로 정확하게 직각(정확한 90도)을 이루는 상태.

A 흑물질 원반(빨간색 윤곽)과 은하 아틀라스 이미지 모자이크의 합성 사진. 2MASS를 통해 얻은 이미지다 (J 리드, O 아거츠 제공).
B 4개의 다른 암흑물질 모델에 따라 나선 은하의 헤일로 지역에 질량이 뭉쳐있는 상태를 예측한 밀도 지도들.
C 시공간이 블랙홀에 접근하면서 왜곡되어 우주가 우리에게 어떻게 보이는지 보여주는 일러스트.

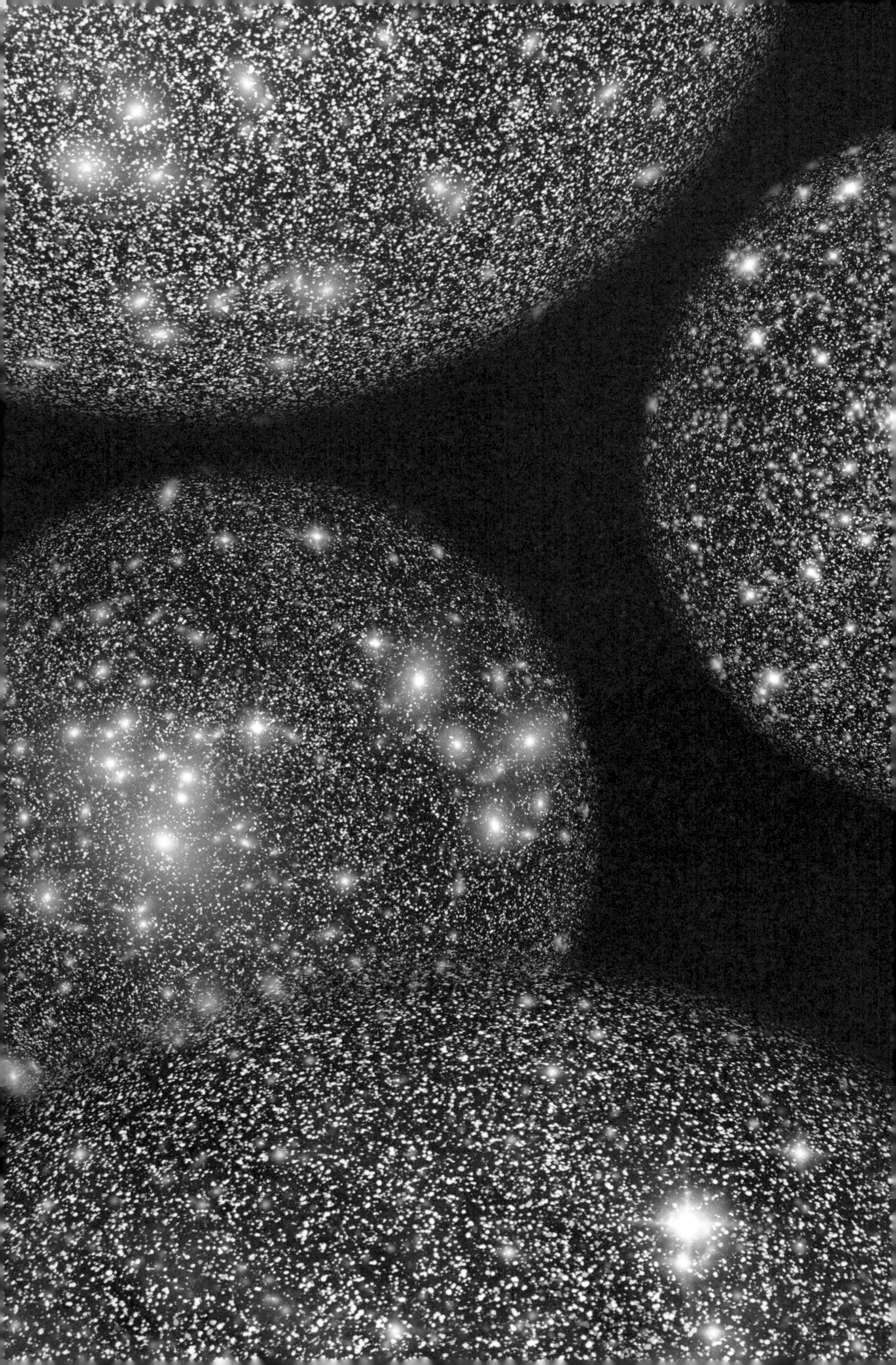

4. 다중 우주의 모양

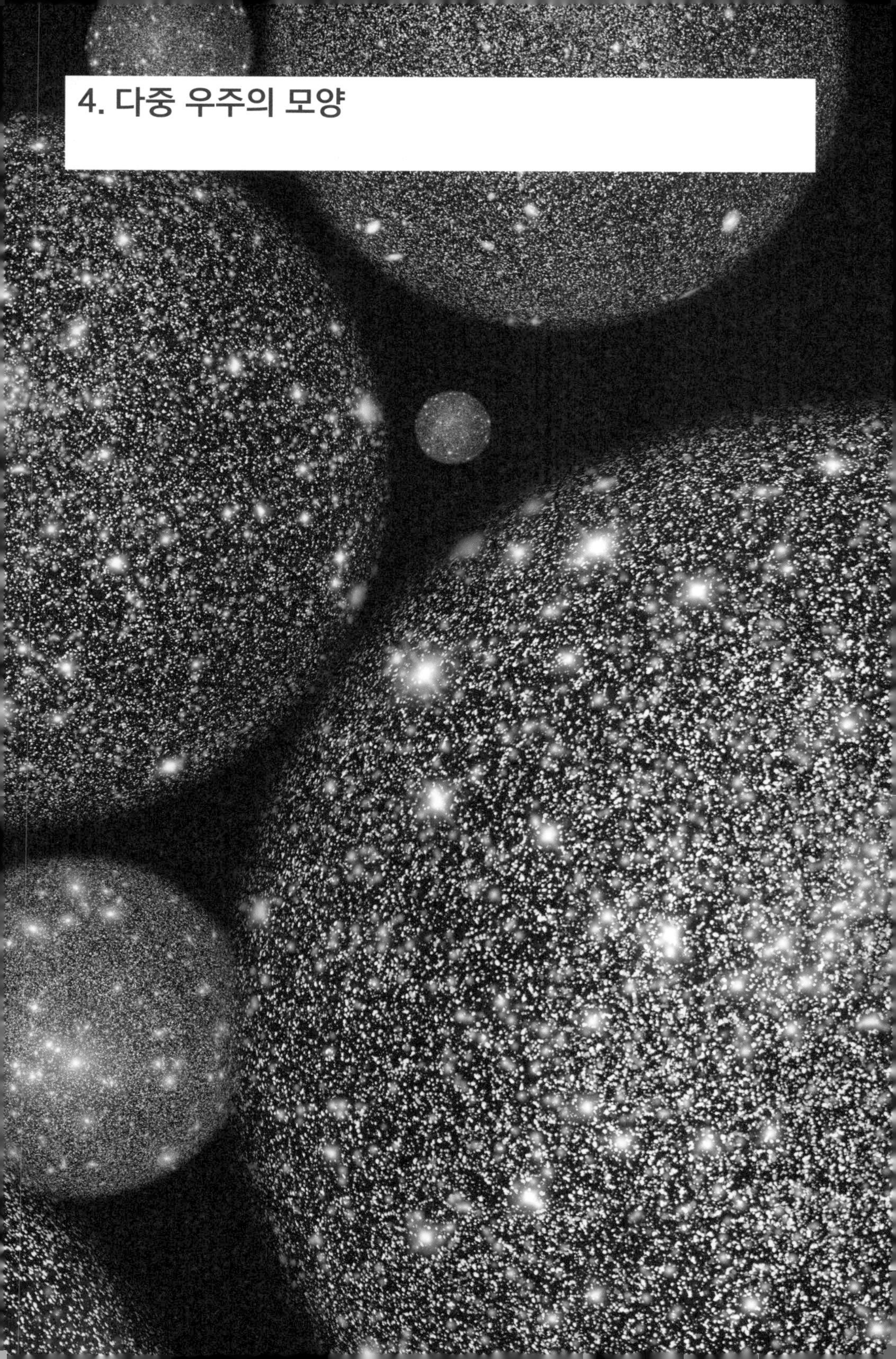

A

앞서 3장에서는 암흑에너지의 발견에 따라(암흑에너지가 어떤 것으로 밝혀졌는지 상관없이) 마이크로파를 통해 얻은, 가장 큰 규모에서도 시공간이 평평하다는 증거를 설명했다. 또한 이를 통해 우주의 팽창 속도가 점점 빨라지고 있다는 사실도 알게 되었다.

따라서 우리는 관측 가능한 우주(빛의 속도가 고정되어서 생기는 우리가 관측할 수 있는 시공간의 한계)가 반경 약 460만 광년의 팽창하는 공처럼 생긴 거품 형태이고, 그 거품은 서로 수직을 이루는 3개의 공간 축이 가로지르는 격자구조라고 확신할 수 있게 되었다. 허블 공간Hubble volume이라고도 부르는 이 영역 안에서, 행성부터 초은하단에 이르는 거대한 물체가 만드는 중력장은 가까운 공간에서는 공간의 차원들을 '쪼그라뜨리지만' (동시에 시간 차원은 '늘려서' 시간 지연time dilation 효과를 발생시킨다), 이 왜곡은 가장 큰 규모에서 보면 큰 의미가 없다.

그러나 관측 가능한 우주를 넘어선 곳에서는 어떨까? 우주의 나이와 빛의 속도에 의해 임의로 정해진 장벽을 *넘어beyond* 존재하는 우주의 모양은 어떻게 설명할 수 있을까?

허블 공간 우주 안 임의의 점을 둘러싼 구 모양의 공간. 빅뱅 직후 재결합 시기부터 빛이 달려온 거리에 의해 정의된다.

시간 지연 빠른 속도로 움직이는 물체에서 시간의 상대적인 흐름이 느려지는 현상. 시간 지연은 아인슈타인이 특수상대성이론에서 처음 제시했다. 제트기 안의 시계나 내비게이션 위성에 영향을 미친다는 사실이 나중에 확인되었다.

A 노출 시간을 길게 조절하면 고성능 망원경으로 관측 가능한 우주의 경계에 있는 은하들을 포착할 수 있다. 하지만 그보다 훨씬 더 많은 은하들이 이 범위 밖에 존재한다.

B 1971년 조지프 하펠레와 리처드 키팅은 원자시계 4개를 비행기에 싣고 세계를 돌면서 시간 지연이라는 이상한 현상을 증명했다.

B

가장 확실한 결론은 우주가 무한infinite하다는 것이다.
말 그대로 영원히 한 방향으로만 가도 계속 우주가 나오거나,
출발한 지점으로 다시 돌아와 있을 거라는 뜻이다.
현재의 증거에 기초하면 관측 가능한 우주의 바깥쪽 경계는
우리로부터 점점 더 빨리 멀어지고 있어 우리가 빛의 속도로
달린다고 해도 따라잡을 수 없다.

우리가 빛의 속도보다 몇 배는 더 빨리 이동할 수 있게 된다고 해도, 우주가 무한하다는 사실은 변함이 없을 것이다. 물론 개인적으로 관측 가능한 우주는 우리와 함께 움직일 것이다(우리는 그 우주의 중심에 있기 때문이다). 따라서 지구를 중심으로 우리가 관측 가능한 우주의 끝(재결합 시기에 현재의 은하 위치에서 방출된 빛이 약 460만 광년을 달려 막 도착한 지점)에 닿는다면 우리는 지구의 천문학자들이 보지 못했던 반대편의 공간을 볼 수 있을 것이다.

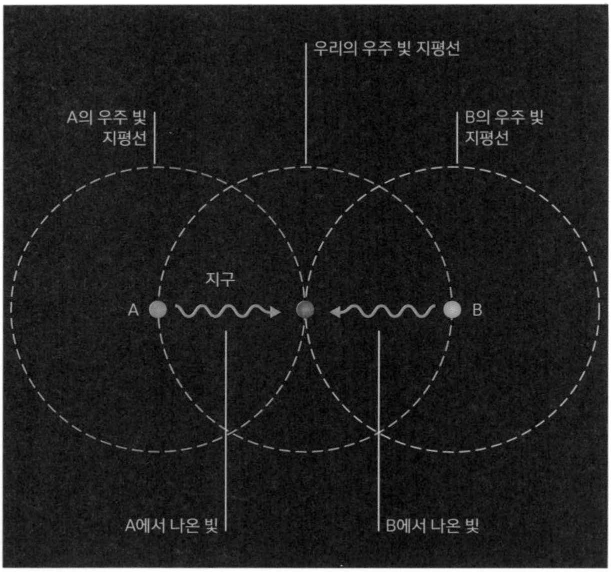

무한 특정한 방향 또는 의미에서 한계가 없이 영원히 측정될 수 있는 모든 양을 일컫는 수학 용어. 가장 간단한 무한은 실수, 즉 셀 수 있는 수의 무한이다. 이 무한은 1에서 시작해 끝없이 세 나갈 수 있다.

A 빛의 속도는 허블 공간(파란색)이 약 460억 광년 거리까지 확장되는 것을 제한한다. 만일, 다른 관측 가능한 우주의 끝에 천문학자들이 서있다면 그들은 관측 가능한 우주의 가장자리에 있는 우리의 우주를 보게 되겠지만, 그 두 세계는 서로 영원히 만나지 못할 것이다.

B CMBR은 언제나 우리가 관찰할 수 있는 가장 먼 곳의 빛이다. 허블 공간의 바깥쪽 경계를 결정하는 것으로 보인다.

B

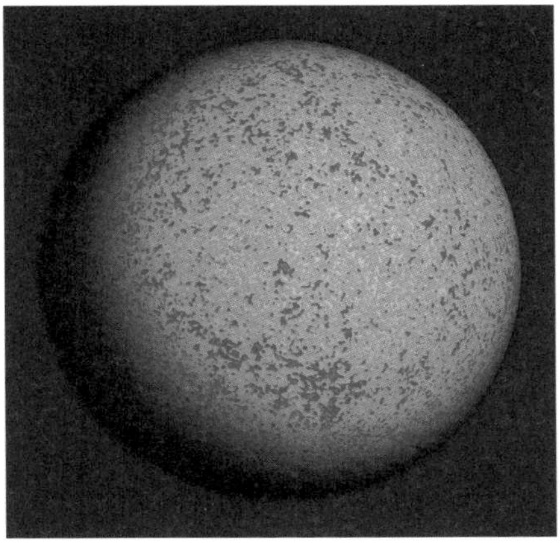

실제로 우리는 우주를 가로질러 움직이면서 무한한 수의 허블 공간들을 건너왔다. 이 허블 공간들은 우리와 같은 시공간의 거품들과 겹친다. 이 거품들은 원시 빅뱅의 무한히 작은 부분으로부터 폭발해 나와 모든 방향으로 퍼진 것들이다. 따라서 우리는 우주를 가장 큰 규모에서 엄청난 속도로 커지면서 빛의 속도보다 빠르게 팽창하는 무한한 수의 거품들로 구성된 엄청나게 거대한 공이라고 상상하는 것이 합리적일 것이다.

상황은 다 정리되었다. 우주의 모양에 대한 의문은 이것으로 다 풀렸다. 그렇지만 너무 성급해지진 말자. 평평해 보이는 우주가 이렇게 끝없이 팽창하는 현상은 우주적 무한의 몇 가지 형태 중 하나에 불과하기 때문이다. 이 형태 중 일부는 우리가 일반적으로 인식하는 차원 이상의 차원이 존재한다는 것을 암시하기도 한다. 또한 우리가 익숙한 3차원에서는 우주가 평평하다고 해도 더 높은 차원에서의 우주는 이와는 다른 이상한 모양을 가질 수도 있다.

자, 준비를 단단히 하자.
앞으로는 상황이 꽤나 이상해질 것이다.

물리학자들은 개개의 우주에 대한 정의에 상관없이, '우주들universes'의 합을 포함하는 복잡한 구조를 '다중 우주multiverse'라고 말한다. 1895년 미국의 철학자 제임스William James(1842~1910)가 만든 용어다. 하지만 그는 이 용어를 일상적인 것을 뛰어넘는 인식이라는 다소 느슨한 의미로 사용했다. 다중 우주가 물리적 실체일 수 있다고 처음 생각한 사람은 유명한 오스트리아의 물리학자 슈뢰딩거Erwin Schrödinger로 그가 1952년 한 영향력 있는 강의에서 처음 언급했다.

앞에서 말한 관측 가능한 우주들이 무한히 존재하는 끝없는 시공간은 우리가 상상할 수 있는 가장 간단한 형태의 다중 우주다. 이 시공간의 속성을 통해 우리가 추론할 수 있는 것은 무엇일까? 그 시공간이 우주 주위의 다른 우주와 똑같은 재료로 만들어졌고, 어디에서나 동일한 조건의 빅뱅으로부터 탄생했다고 생각한다면 사실상 '더 많은 시공간'에 불과할 것이다. 우리가 마법의 문을 통해 다중 우주의 또 다른 곳으로 들어갈 수 있다면, 기본적인 조건이 우리가 알고 있는 우주와 꽤 비슷할 거라고 쉽게 상상할 수도 있을 것이다. 3차원 공간과 시간, 익숙한 방식으로 작용하는 물리 상수들의 세계일 거라는 의미다.

A–C 입자물리학자들은 대형 강입자 충돌기 같은 장치를 이용해 아원자 입자들을 거의 빛의 속도로 충돌시켜 양자의 행동을 탐구한다. 이런 충돌은 엄청난 양의 에너지를 만들어내 보통은 원자핵 안에 갇힌 힉스 보손(그림 B와 C)과 같은 입자들을 순간적으로 독립적인 존재로 만든다.

D 일반적으로 반물질은 보통 물질과 접촉하면 곧바로 파괴되지만, 자기장 안에 가둘 수는 있다. 2011년 과학자들은 지구 표면에서 몇 백 킬로미터밖에 떨어져있지 않은 지구의 자기권에 잡힌 '반양성자'들(핑크색)을 발견했다.

D

물론 흥미로운 변이가 존재할 수 있다. 이를 테면, 확신은 못 하겠지만, 다중 우주의 어떤 부분들은 반물질antimatter이 지배하고 있을 수도 있다.

이론적으로 물질과 반물질은 빅뱅 기간에 같은 양이 만들어졌지만 오늘날 우주에서 물질이 지배적인 위치를 차지하고 있는 현상은 여전히 미스터리다. 이 현상이 특정한 아원자 입자들의 상호작용에서 근본적인 대칭symmetry이 깨져 생긴 현상이라고 생각하는 이론도 있다. 우주 전체가 동일한 방향으로 편향돼 있기 때문에 이런 현상이 생긴다는 추측이다. 그러나 아직은 확신할 수 없다.

에르빈 슈뢰딩거
(1887~1961) 양자역학의 핵심 인물. 입자들이 파동과 같은 성질을 가져서 불확실한 값을 내는 과정을 기술한 방정식을 만들었다. 이 현상이 물리학에서 가지는 의미에 대한 토론을 이끌기도 했다.

반물질
보통 물질과 같은 양의 전하를 가지지만, 반대의 전하를 띠는 물질이다. 반물질은 일반적으로 물질과 만나면 강렬한 에너지를 방출하면서 완전히 파괴되는 고약한 버릇이 있다.

대칭
입자물리학에서 대칭적 상호작용은 성질의 일부분이 역전되면 똑같이 행동하는 것을 의미한다. 예를 들어, 모든 입자의 전하가 뒤집히거나 시간을 거꾸로 돌리는 경우다.

A

'똑같은 것이 더 있다'는 개념으로 다중 우주를 설명하는 것은 어찌 보면 좀 따분한 일이다. 그렇지만 같은 것이 무한하게 존재하는 현상에 대해 이야기하고 있다는 사실을 떠올리자. 기본적인 물리 변수의 범위에서도 가능한 시나리오들이 무한하게 변형되면, 서로 다른 관측 가능한 우주가 펼쳐질 수 있다. 우리 행성과 비슷한 행성이 존재할 수도 있고, 우리와 똑같은 사람들이 존재할 수도 있다. 그 사람들은 우주선을 타고 출근할 수도 있고, 공룡의 후손일 수도 있다. 실제로 다중 우주가 무한하다면 이런 일이 일어날 가능성이 매우 높고, 우리가 상상하는 것들이 물리적으로 실재할 가능성도 높다.

그러나 시공간이 확장된 이 다중 우주는, 다중 우주의 한 종류에 불과하다. 유명한 우주학자 테그마크 Max Tegmark**는 이런 종류의 다중 우주를 가장 수준 낮고 직관적인 범주로 분류한다. 테그마크의 수학적 우주**mathematical Universe **접근 방법에 의하면 각각의 다중 우주 유형은 더 고등하고, 난해한 범주로 분류된다.**

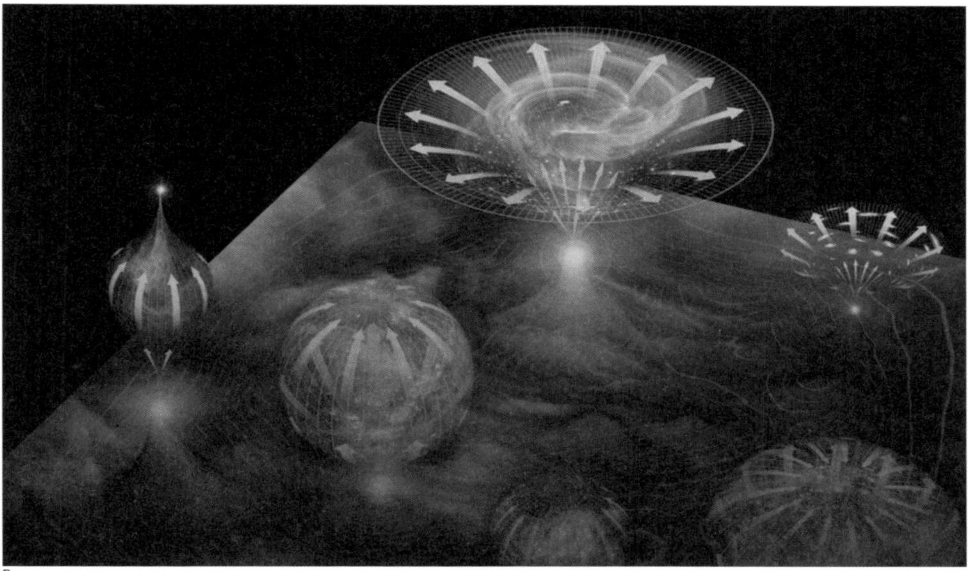

B

막스 테그마크(1967~)
스웨덴 출신의 미국 MIT 우주학 교수. 수학적 우주 가설과 CMBR로부터 우주 구조에 대한 정보를 추출한 것으로 유명하다.

우리가 지금까진 다룬, 매우 직관적인 '레벨1'에 속하는 다중 우주는 '레벨2' 다중 우주의 범주에 속하는 수많은(아마도 무한한) 구조 중 하나에 불과하다. 이런 식으로 계속 레벨이 올라간다.

A 레벨2 다중 우주 이론은 우주의 다차원 원물질로부터 독특한 성질을 가진 시공간의 새로운 거품들이 계속해서 부풀어 오를 가능성에 의존한다.

B 시공간 내 각각의 거품의 차원과 물리 상수들의 정확한 결합이 레벨2 다중 우주의 운명을 결정한다. 생기자마자 붕괴하는 것도 있고, 팽창해서 그 안에 있는 것들을 다 분해하는 것도 있다. 극소수만이 안정된 물질이 존재하기 위한 조건을 만든다.

더 높은 레벨들이란 도대체 무엇일까? 올라갈수록 점점 더 이해하기 힘들다. 그러니 레벨2부터 시작하자.

본질적으로 레벨2 다중 우주는 레벨1 다중 우주인 '거품들'을 끊임없이 생성하는 우주다. 동시에 이 우주들은 서로 엄청나게 다른 특징을 가진다. 레벨1 다중 우주의 모든 부분은 동일한 물리적 특성을 가진다. 그러나 레벨2 다중 우주의 서로 다른 거품들은 각자 매우 다른 물리적 상수들을 가지며, 심지어 차원의 수가 서로 다른 시공간들을 가진다.

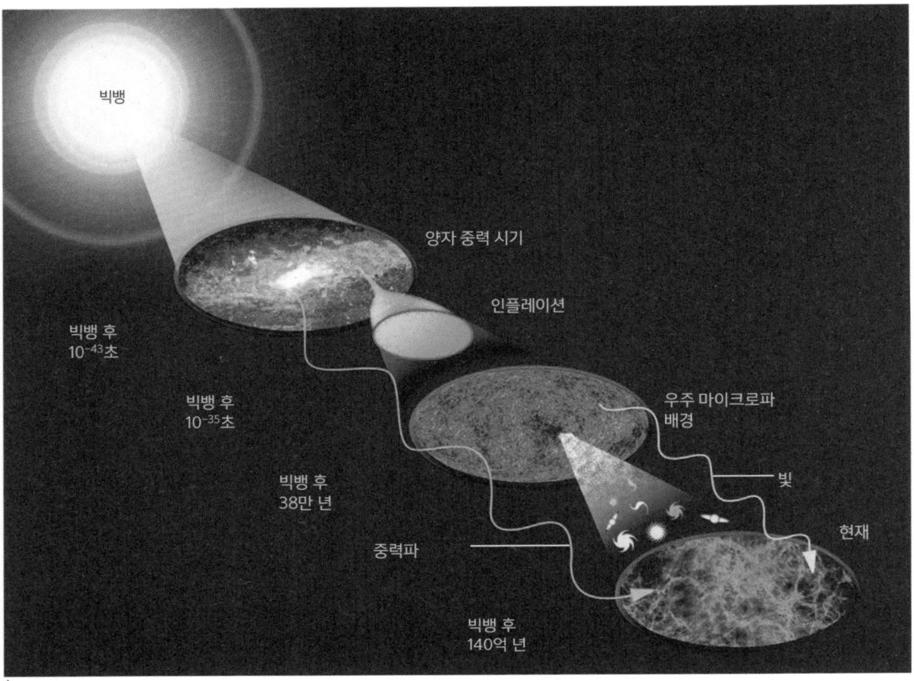

A

레벨2 다중 우주가 존재한다는 주장은 빅뱅 후 10^{-35}초밖에 안 된 초기 우주에서 일어났던 중요한 사건에서 비롯되었다. 인플레이션이라고 알려진 이 사건으로 인해, 초기 우주의 아주 작은 부분이 은하수 같은 우주에서 작은 원자가 폭발하는 수준으로 갑자기 격렬하게 팽창하다 약 10^{-33}초 만에 멈춘다.

인플레이션 이론은 1970년대 말부터 미국의 구스Alan Guth와 러시아의 린데Andrei Linde 같은 우주학자들에 의해 빅뱅이론의 일부로 수용되기 시작했다. 이론의 예측 값과 우리 주변의 우주에서 관찰된 실제 값 사이에 차이가 생기는 현상을 해결하기 위해서였다.

이 이론에서 우리가 주목해야 할 점은 우주 내 대규모 구조의 존재 그리고 우리가 여기 존재하고 있다는 사실에 설명을 제공했다는 데 있다. 우리는 CMBR이 생성되기도 전에 암흑물질에 중력이 작용해 구조들이 합쳐지기 시작했다는 사실을 알고 있다. 하지만 빅뱅이 뉴턴의 우주론 원칙(3장 참조)에 부합한다면, 물질들을 절대적으로 고르게 뿌렸어야 했다.

그렇다면 초기에 가벼운 질량 집중으로 인해 강화된 중력이 처음에는 암흑물질, 다음에는 빛을 내는 물질을 우주의 필라멘트와 거시공동 그물로 끌어당기도록 만든 현상의 원인은 무엇일까? 인플레이션 이론은 아원자 수준 양자역학 법칙에 따라 어쩔 수 없이 초기 우주의 작은 변화가 갑자기 확대됐기 때문이라는 답을 제시한다. 이 이론에 따르면 우리의 관측 가능한 우주 전체와 그 너머에 있는 레벨1 다중 우주는 넓은 범위의 빅뱅이 일어나는 동안 원자 하나 크기의 지역으로부터 폭발해 떨어져 나왔다. 이 이론은 완전히는 아니라도 폭넓게 수용되었으나, 분명한 의문점을 남긴다. 그런 폭발을 일으킨 것은 무엇이고, 왜 그 폭발이 하필 우주에서도 우리 쪽에서만 일어났는지에 관한 것이다.

앨런 구스(1947~)
미국의 이론물리학자. 1980년대 당시 표준 빅뱅이론의 문제에 대한 해결방법으로 인플레이션 이론을 제시한 것으로 유명하다.

안드레이 린데(1948~)
러시아 출신의 미국 물리학자. 구스의 인플레이션 이론에 영감을 준, 초기우주상전이이론을 제시했다. 그 후 린데는 자신의 이론을 발전시켜 다중 우주 인플레이션 가능성을 예측하기도 했다.

A 빅뱅 직후 우주는 거대한 힘에 통제당해 모든 것들이 통합되는 짧은 시기를 거쳤다. 인플레이션은 우주의 작은 부분을 폭발시켜 현재 우리가 아는 모든 것을 만들었다. 빛을 이용할 수밖에 없는 우리는 CMBR이 나타난 시점까지의 우주를 탐사할 수 있을 뿐이다. 그러나 새로 발견된 중력파 덕분에 천문학자들은 양자 중력 시기의 상태에 대해 더 많은 것을 알 수 있게 되었다.
B 아원자 입자의 행동은 전자기력, 강력, 약력의 영향을 받지만, 입자수가 적을 때는 중력의 영향을 받지 않는 것으로 보인다.

B

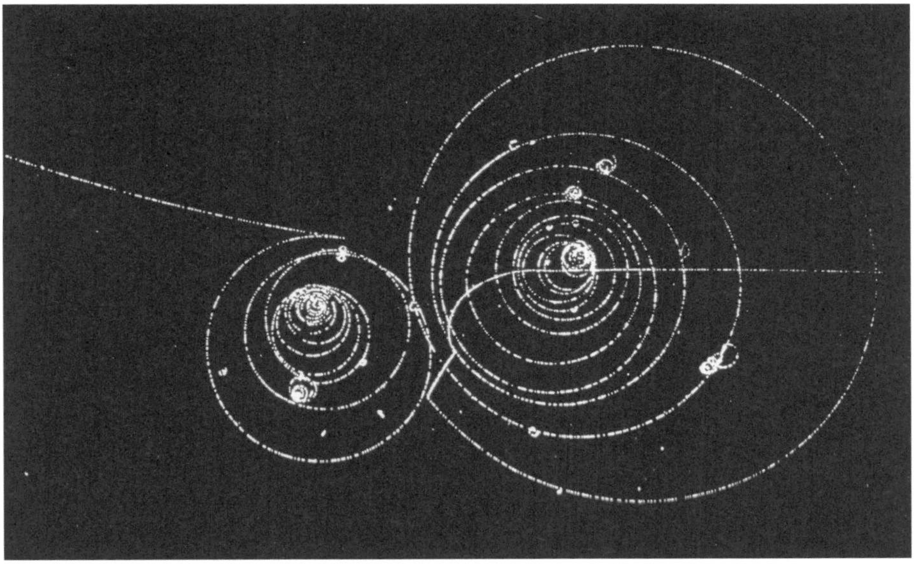

A

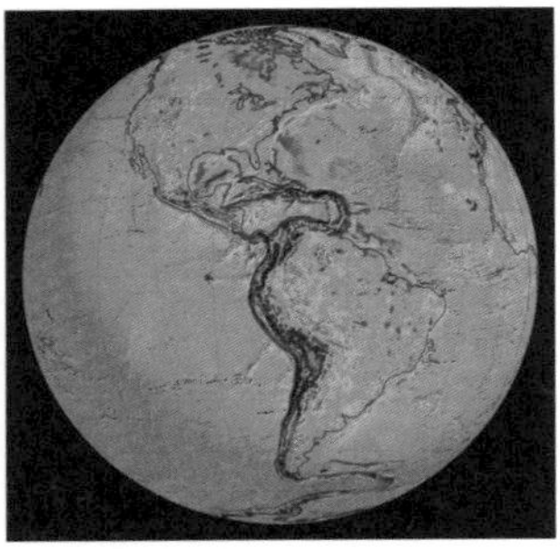

B

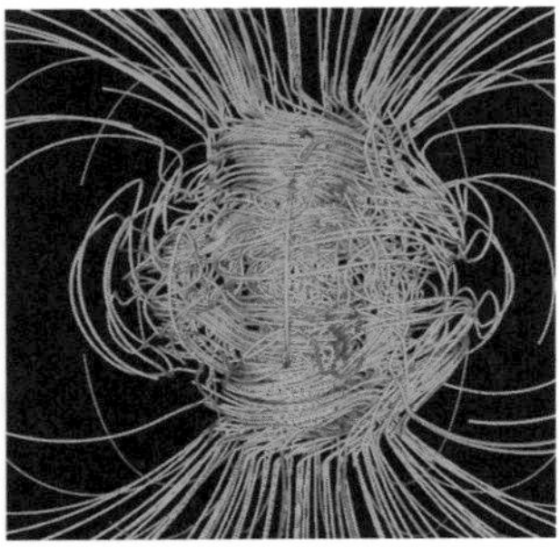

C

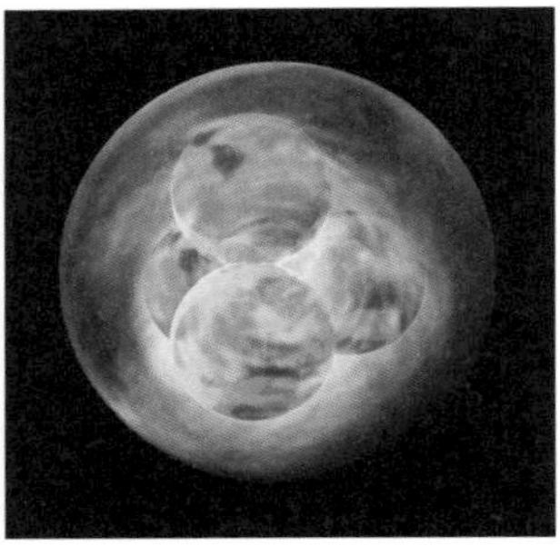

A 중력은 질량이 크게 집중되어 발생한 힘이다. 노란색, 오렌지색, 빨간색으로 표시된 부분이 가장 중력이 강한 곳이다.

B 전자기장은 전하를 띤 입자들에 의해 만들어진다. 지구의 복잡한 자기장은 핵에 흐르는 엄청난 전류 때문에 생긴다. 지구 자기장(지오다이나모) 형성을 보여주는 이 컴퓨터 시뮬레이션에서 지구의 자전축은 수직이며 3차원 장은 전자기선으로 표현된다. 안으로 향하는 자기장은 파란색으로, 밖으로 향하는 자기장은 금색으로 표시했다. 자기장은 액체 상태인 지구의 핵 내부에서 생성될 때 훨씬 강하고 복잡한 형태를 띤다. 강력과 약력 모두 전자기력이나 중력보다 훨씬 강하지만 작용 범위가 극도로 좁아 원자핵 내부에서만 느낄 수 있다.

C 강력과 약력 모두 전자기력이나 중력보다 훨씬 강하지만, 작용 범위가 엄청나게 좁아 핵 안에서만 느껴진다.

우주학자들은 인플레이션을 일으킨 원인이 상전이phase change라는 사건이라는 데 대체로 동의한다. 상전이는 우주의 4가지 근본적인 힘fundamental force이 빅뱅 직후 존재한 원시의 초힘superforce에서 갈라지면서 엄청난 양의 에너지를 분출하게 만든 과정을 말한다. 우리는 일상에서 물질의 상전이를 흔하게 경험한다. 얼음·물·증기 사이의 변화, 그러니까 고체·액체·기체 사이의 변형 말이다. 그러나 물리학자들에게 있어 상전이는 훨씬 더 많은 상태 사이의 변환을 의미한다.

중요한 점은 물질의 모든 상이 일정량의 에너지를 품고 있다는 사실이다. 물질의 상태로 다시 돌아가면, 고체는 물질을 이루는 개개의 입자들이 많이 움직이지 않는 낮은 에너지 상을 말한다. 반면 증기는 빠르게 움직이는 입자들의 고 에너지 상태를 뜻한다. 하나의 상에서 다른 상으로 변화하려면 잠열이라는 에너지의 공급 또는 방출이 있어야 한다. 예를 들어, 물을 끓이려면 물 분자 사이의 결합을 끊어 증기로 만들기 위한 에너지('증발 잠열')가 필요하다. 반대로, 물을 얼리려면 고체 얼음의 안정적인 결합을 형성하기 위해 물 분자 간 과잉 에너지('융해 잠열')를 제거해야 한다.

인플레이션에 대한 가장 일반적인 설명이 4가지 근본적인 힘들의 배치를 상전이에 비유하는 것이다. 현대 이론물리학에서는 극한 조건(빅뱅 몇 초 후 나타난 고온 환경이나 오늘날의 입자가속기에서 순간적으로 만들어지는 고온 환경)에서 이 힘들의 지배를 받는 행동은 모두 같다고 여긴다. 전자기력과 약력은 전약력electroweak force이라는 하나의 힘으로 통합되고, 강력 또한 전자기력과 통합되어 핵전기력electronuclear force을 만든다고 생각한다. 4가지 중 가장 특이하고 다른 것들과 어울리기 어려운 힘은 중력으로, 우주 탄생 직후 가장 먼저 분리된 것으로 보인다.

4개의 힘으로 분리되면서 초기의 초힘은 상전이를 통해 에너지가 낮은 상태로 떨어졌다. 이 과정에서 엄청난 양의 과잉 에너지를 방출했다. 바로 이 과잉 에너지가 인플레이션을 일으켰다는 것이 일반적인 생각이다.

지금쯤이면 인플레이션이 정확히 무엇인지, 인플레이션을 일으킨 원인이 다중 우주와는 어떤 관계가 있는지 의문이 생길 것이다. 답은 1983년 린데가 제시한 급진적 이론에 있다. 한 마디로 말하면, 인플레이션은 모든 곳에서 지금까지 쭉 진행되고 있는 자연스러운 현상일 수 있다는 논리다.

근본적인 힘
우주 물질 간 상호작용을 통제하는 힘. 전자기력, 중력, 원자핵 수준의 미세한 규모에서 작용하는 강력과 약력을 말한다.

D

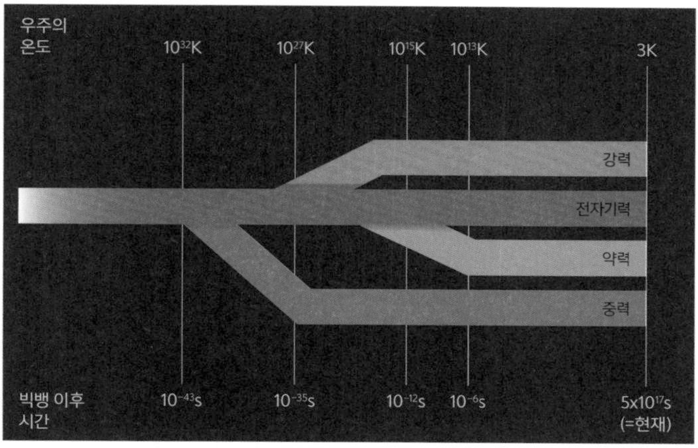

D 빅뱅 후 1초도 훨씬 안 되는 짧은 순간에 분리되지만, 물리학자들은 그 과정을 자세히 밝히고 있다.

혼돈 인플레이션 또는 영구 급팽창이론으로 알려진 린데의 이론은 상전이가 물질과 힘뿐만 아니라, 시공간 자체에도 적용될 거라는 직관에 기초한다. 근본적 힘들을 통합하려는 동일한 이론 모델들도 모든 물질의 기초를 이루는 다양한 기본 입자들을 설명하는 것을 목표로 한다. 이를 위해 이 모델들은 추가적인 공간 차원의 존재를 상정한다.

이른바 끈이론string theory에서는 입자를 (보통) 10개 차원에서 진동하고, 그 진동들의 어울림에 따라 성질이 달라지는 엄청나게 작은 에너지 끈으로 가정한다(바이올린 현의 진동에 따라 다른 음이 나오는 것과 비슷하다). 상상하기 어렵지만, 보통의 시공간을 넘어선 6개의 추가적인 차원은 공간에서 추가적인 방향direction이라고 할 수 있다.

그 차원들은 서로 모두 직각을 이룬다. 이 차원들은 구부러져 자신을 감싸고 있기 때문에 아원자 수준에서도 감지되지 않는다. 우리 시각에서 이 공 모양의 끈은 아주 멀리서 볼 때 점으로 보인다. 따라서 '다양체'로 알려진 추가적인 차원들에 의해 형성된 이 구조는 단순한 점에 불과하다.

레벨2 다중 우주는 우리에게 익숙한 차원 배치가 각각 자신만의 고유한 에너지(우리 우주에서만 암흑에너지를 제공한다는, 시공간 구조에 박힌 동일한 '진공 에너지') 수준을 가지고 있는 수많은 상 가운데 하나에 불과하다는 생각에 근거한다. 적절한 조건, 즉 시공간의 특정한 상이 불안정한 상태에서 새로운 상들이 샴페인 거품처럼 저절로 발생할 수 있다. 새로운 상은 주변의 진공 에너지 세기에 따라 압도당해 붕괴할 수도, 커질 수도 있다. 새로운 상의 진공 에너지가 본래 상의 진공 에너지보다 크면 새로운 조건이 생기는 지역의 팽창 속도는 폭발적인 속도로 계속 가속되어 오래된 우주 안에서 급팽창하는(인플레이션을 하는) 새로운 우주를 만들 수도 있다.

A 끈이론은 정상파의 진동 모드(예를 들어, 현악기가 내는 하모니처럼)와 수많은 아원자의 양자화 된 성질(예를 들어, 입자가 특정한 전하 값만을 갖는 현상)을 연결한다.

B 만일 정말 존재한다면, 그 끈은 직접 관찰이 불가능할 정도로 작은 규모로 서로 다른 많은 차원에서 진동하는 복잡한 물체일 것이다. 추가 차원들은 구부러져 자신을 감싸고 있기 때문에 감지할 수 없다.

C 다차원 칼라비 야우 다양체(Calabi-Yau manifold, 더 높은 차원의 끈 구조)를 3차원 감각에서 보여주는 컴퓨터 시뮬레이션.

D 끈이론이 맞는다면, 끈들은 전체 우주에 스며들어 우주의 모든 물질과 에너지를 만들고 있을 것이다.

D

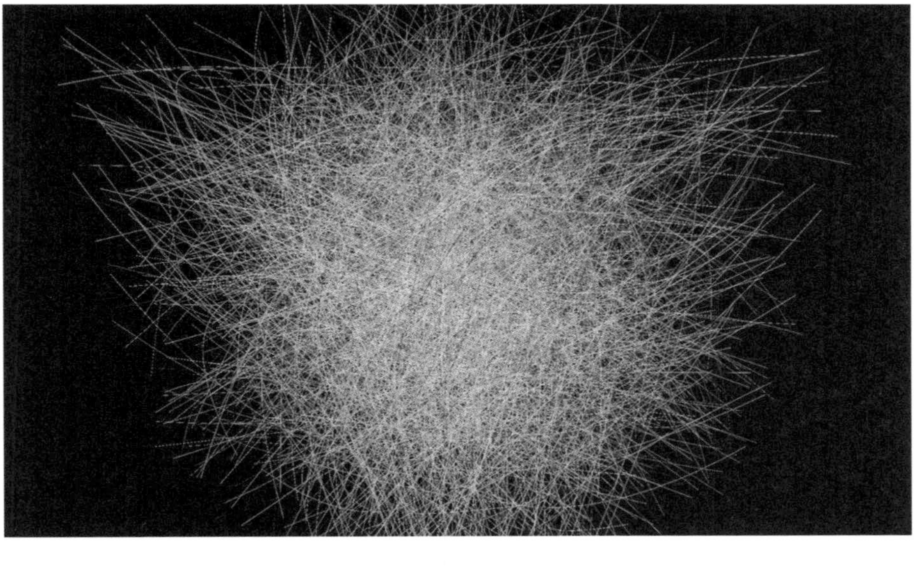

A

M이론 막이라고 부르는 다차원 시공간 구조의 존재를 통해 다양한 끈이론들을 통합하려는 시도. 막들은 구부러지지 않은 과잉 공간 차원에서, 아주 짧은 거리를 사이에 두고 분리되었다.

루프 양자중력 이론 시공간 차원은 4개뿐이지만 공간 자체는 아주 미세한 수준에서 서로 얽혀 있어 분리가 되지 않는 덩어리 모양을 하고 있다는 이론.

린데의 이론은 빅뱅 이전에 무엇이 존재했는지, 빅뱅을 일으킨 것은 무엇인지에 대한 골치 아픈 문제를 단번에 해결했다. 이 이론은 우리 우주(레벨1 다중 우주)를 끝없이 이어지는 우주 중 하나로 만들었다. 우주들이 서로를 낳고, 때로는 시공간이라는 '부동산'을 차지하기 위해 경쟁한다는 것을 밝혔다. 레벨1 다중 우주와 전체적인 조건은 거의 같지만, 레벨2 다중 우주에 있는 거품들은 서로 다른 성질, 서로 다른 차원의 수를 가지며 자연의 근본적인 상수 값도 서로 크게 다르다.

물론, 이 이론 전체는 아직 증명이 안 된 추가 차원들에 의존하고 있긴 하다.

근본적인 물리 작용에 통일성을 부여하기 위한 시도가 끈이론을 통해서만 이뤄진 것은 아니었다.

B

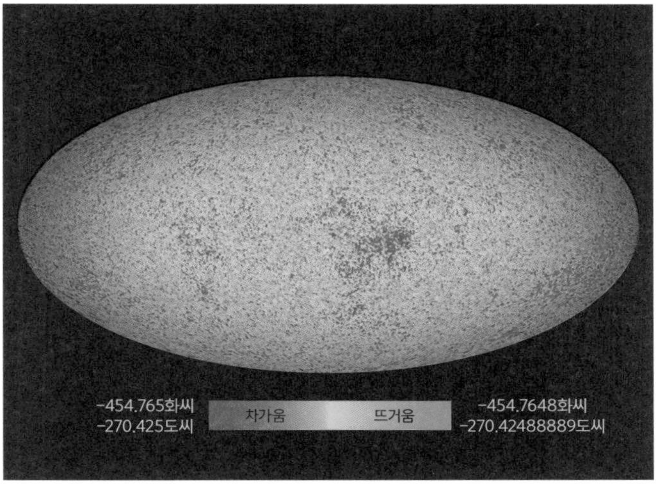

A M이론에 따르면 1조년 시간차로 인접한 막들 사이의 충돌이 새로운 빅뱅을 일으킨다.
B 관측 가능한 우주의 가장 먼 곳의 CMBR은 다른 레벨2 다중 우주들이 우리 우주를 침범한다는 증거를 찾을 수 있는 확실한 지역이라고 생각할 수 있다.
C. 우주 항적은 CMBR 그림 오른쪽에서 보이는 고리 모양으로 나타날 수 있다.

더 높은 차원이 존재한다는 가설에 의존하는 다른 이론들 (예를 들어 11차원 M이론M-theory)도 있지만, 루프 양자중력loop quantum gravity 같은 이론은 더 높은 차원을 부정한다.

영구 급팽창이론이라는 말은 공상과학에나 나오는 말로 들릴 수 있지만, 이 이론은 (적어도 이론상으로는) 증명 가능하다. 다른 시공간 거품이 우리 시공간 거품을 침해해 관측 가능한 우주 안에서 영향을 미칠 만큼 가까워진다면 그 거품은 CMBR의 분포 상태를 포함한 우리 우주의 속성에 다양한 영향을 미치는 '우주 항적'의 형태로 가시적인 결과를 발생할 것이다. 우주의 평균 온도가 약간 올라가 일부분이 고리 모양으로 변화하는 결과는 우리의 현재 기술로는 탐지할 수 없다. 그렇지만 앞으로 천문학자들이 우주 탄생에서 나온 빛을 계속해서 탐사한다면 가능할 거라고 본다.

C

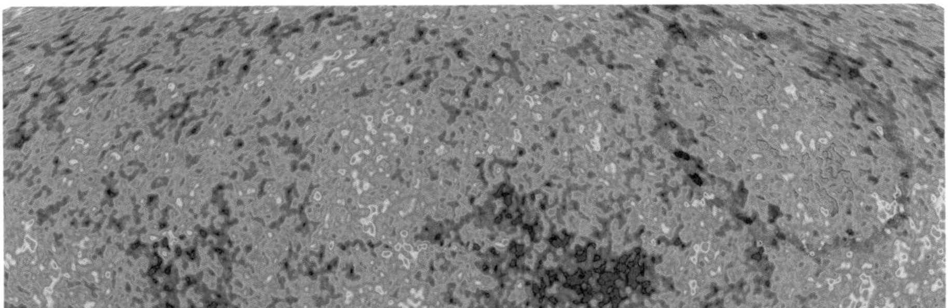

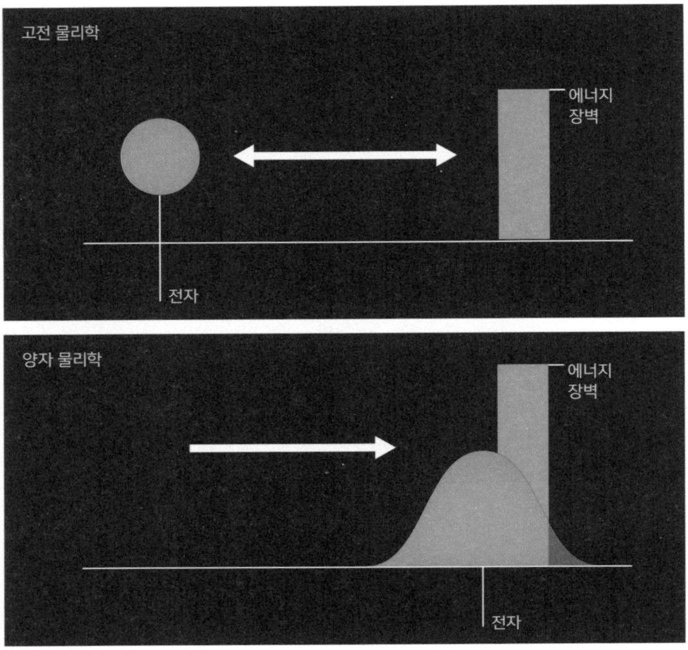

A (위 그림) 고전 물리학에서 방사성 원자핵이 방출한 입자들은 핵의 가장자리에 있는 넘을 수 없는 '전위 장벽'에 부딪혀 튕겨 나오기 때문에 방사성 붕괴가 일어날 수 없다.
(아래 그림) 양자 파동 함수는 퍼져서 분포하기 때문에 적지만 입자가 '터널링'을 통해 전위 장벽을 통과해 장벽 건너편으로 넘어갈 수 있는 가능성이 생긴다. 따라서 방사성 붕괴가 가능해진다.

B 양자 파동 함수는 최소한 3차원에서 존재하는 복잡한 '물체'다. 다른 종류의 파동처럼 입자가 특정 위치에서 발견될 확률을 높이고 다른 위치에 나타날 확률을 줄이는 간섭무늬의 영향을 받는다.

레벨2 다중 우주의 존재 여부에 상관없이, 또 하나의 고차원 다중 우주 모델이 있다. 우리가 계속 다뤄오던 '모양'이라는 본질적 개념에 대해 모든 것을 밝혀줄 모델이다. 양자역학이라는 골치 아픈 세계, 특히 1950년대 에버렛 3세Hugh Everett III가 제안한 다세계 해석이라는 이론에서 나온 레벨3 다중 우주다.

양자역학은 아주 작은 것들, 즉 아원자 입자 영역에 관한 물리학이다. 100년 전에 발견한 양자역학의 핵심 중 하나가 파동 입자 이중성wave-particle duality이다. 우리가 보통 입자라 여기는 전자와 같은 물체가 파동의 성질도 가지고 있다는 생각이다. 이는 입자의 정확한 성질(예를 들어 위치나 운동량)에는 파동의 성질이 있어, 우리가 특정한 방식으로 그 입자들을 '관찰'하면 흩어진다는 뜻이다.

이 발견이 불러온 중요한 결과 중 하나는 방사성 붕괴radioactive decay와 같은 현상의 속성을 설명할 수 있게 되었다는 사실이다. 각각의 원자들은 예상치 못한 방식으로 방사성 붕괴를 하지만, 확률의 법칙을 따른다. 특정 샘플에서 특정 시간에 얼마나 많은 원자들이 붕괴를 하는지 기술하는 법칙이다. 붕괴 과정에는 입자들이 원자핵을 묶는 에너지 장벽을 통과하는 '터널링' 과정을 포함한다.

고전 물리학에서는 불가능한 현상이었지만, 양자물리학에서는 입자들이 이 에너지 장벽 바깥으로 탈출할 수 있는 확률이 없다고 보지는 않는다.

양자물리 현상이 실제로 존재한다는 것을 부인할 수는 없다. 양자물리학은 전자공학, 레이저 기술 같은 현대의 첨단 기술에 기본을 이루기 때문이다. 그러나 양자물리학으로 우주의 작동을 이해하는 것은 무척 어려운 일이다. 우리는 이미 일상에서 고전 물리학의 예측가능성에 익숙해졌다. 어떤 일은 일어나거나 일어나지 않거나 둘 중 하나다. 어떤 일이 일어날 수 있는 결과를 예측할 때를 제외하면, 사건 발생이 모호할 확률은 존재하지 않기 때문이다.

B

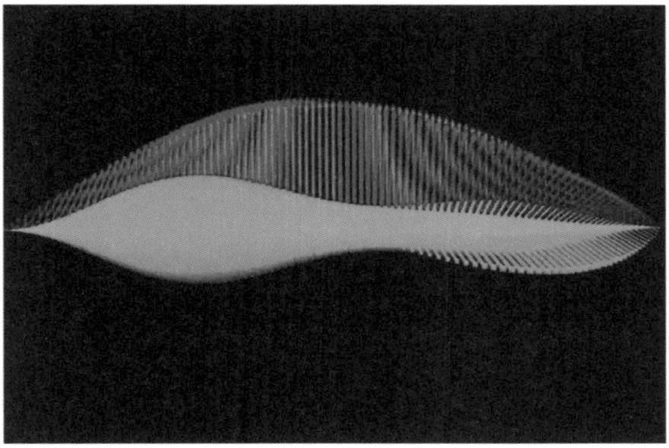

C

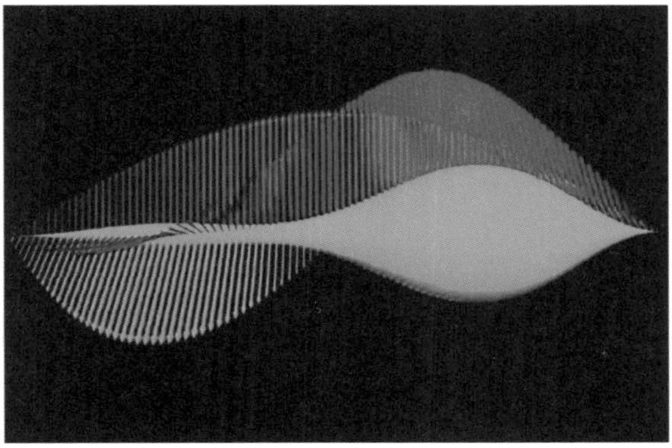

휴 에버렛 3세(1930~1982)
미국의 물리학자.
1956년 양자역학의 다세계 해석을 다룬 박사 학위 논문을 발표했다. 자신의 이론이 거센 저항을 받자 학계를 포기하고 산업계로 돌아섰다. 1970년대 말이 되어서야 물리학자들은 다세계 해석 개념을 진지하게 받아들이기 시작했다.

방사성 붕괴
특정 원자의 불안정한 핵이 안정된 상태로 변하는 과정. 이 과정에서 원자는 보통 아원자 입자 하나 이상을 방출해 다른 원소로 변한다.

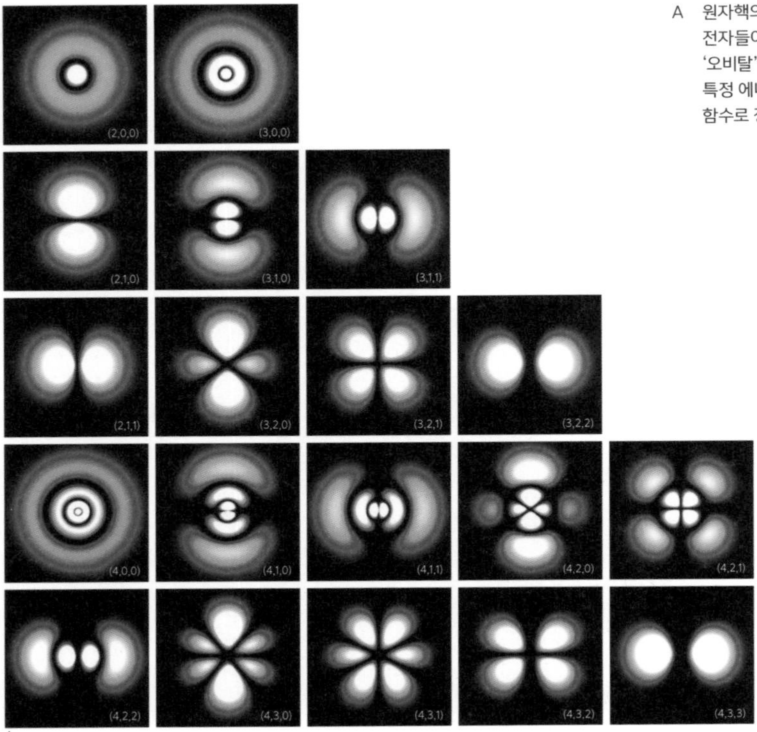

A

A 원자핵의 주변 궤도를 도는 전자들이 공간에서 명확하지 않은 '오비탈'을 점유하고 있다. 오비탈은 특정 에너지 준위에 있는 파동 함수로 정의되는 불분명한 껍질이다.

이 현상을 설명하기 위해 물리학자들은 다양한 해석을 내놓는다. 양자의 불확실성과 일상 세계 결정론determinism 사이의 격차를 극복하기 위한 법칙들이다.

이 해석 중 최초이자 가장 유명한 것은 양자역학의 개척자인 보어Niels Bohr (1885~1962), 하이젠베르크Werner Karl Heisenberg(1901~1976) 그리고 1920년대 중반 다른 학자들이 주장한 코펜하겐 해석이다. 양자의 불확실성에 대한 이 '엄격한' 시각에 따르면, 이는 실재하는 것이며 입자의 정확한 속성은 실제로 관찰이나 측정에 의해서만 밝힐 수 있다.

양자물리학의 핵심인 파동 함수wave function를 만든 슈뢰딩거는 그 유명한 '슈뢰딩거의 고양이'라는 사고 실험을 통해 코펜하겐 해석을 비판했다. 실험 내용은 다음과 같다. 상자 안에 고양이와 방사성 물질 소량, 독약이 든 유리병, 방사성 붕괴를 감지하면 독약을 병에서 흘러나오게 하는 장치를 넣고 밀봉한다.

실험 기간 동안 방사성 붕괴가 일어날 확률은 50대 50으로 설정했다. 따라서 고양이가 살거나 독약을 먹을 확률 역시 50대 50이다. 실험 전체가 양자역학 법칙의 지배를 받는 현상에 좌우되기 때문에 우리가 코펜하겐 해석을 있는 그대로 받아들이면 전체 시스템, 다시 말해 방사성 물질과 독약이 흘러나오게 하는 장치, 고양이는 상자를 열고 방사성 물질의 양을 측정할 때까지(현재 상태의 결과가 관찰될 때까지) 상태가 어떤지 알 수 없다. 달리 말하면, 실험 기간 동안 고양이를 나타내는 파동 함수는 양자 중첩quantum superposition 상태, 즉 동시에 살아있기도 하고 죽어 있기도 한 상태가 되는 것이다.

물론 슈뢰딩거는 이런 실험이 잔인하기도 하고 별 의미도 없다는 걸 잘 알고 있었다. 실험을 끝내지 않고서는 실험 기간 동안 시스템을 관찰하는 것이 불가능하기 때문이다. 그럼에도, 슈뢰딩거는 고양이가 두 가지 상태 사이 어딘가에 존재할 가능성은 코펜하겐 예측을 평가절하할 만큼 어처구니 없다고 생각했다.

B

C

파동함수
특정한 위치나 에너지를 가질 가능성과 같은, 양자 입자의 파동 성질을 나타내는 방정식.

양자 중첩
2개 이상의 파동이 겹쳐 입자나 다른 양자 시스템 상태가 여러 가지로 변하면서 생성되는 복잡한 파동 함수.

B 1930년 코펜하겐 회의에 참석한 양자물리학의 개척자들. 앞줄 왼쪽, 닐스 보어와 베르너 하이젠베르크가 보인다.

C 슈뢰딩거의 유명한 사고 실험. 고양이가 동시에 살아있기도 하고 죽어있기도 한 상태를 표현하고 있다.

A

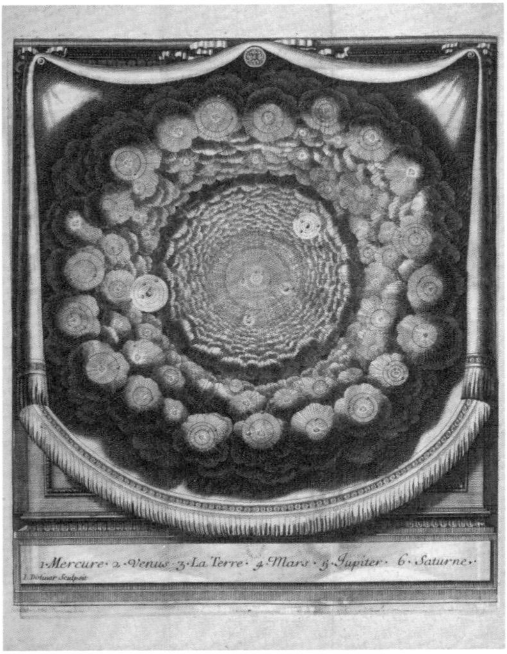

많은 물리학자들이 서로 다른 방식으로 이 문제를 풀려고 시도했다. 양자 불확실성의 효과는 아원자 수준을 넘어서 퍼져나가면 어떤 방식으로든 자연스럽게 해결된다는 의견부터 우주는 양자 사건의 결과를 어떤 방식으로든 '알고 있다'는 견해까지, 다양한 주장이 제기되었다. 겉으로 보이는 것처럼 불확실하지만은 않다는 게 이들의 결론이었다. 가장 유명한 것은 에버렛의 해결방법이었는데, 너무나 복잡한 설명이었다는 것이 그 이유다.

에버렛은 양자 수준 사건에서 서로 다른 결과가 나오는 문제는 우주 전체가 둘로 쪼개져 다른 길을 가면 해결된다고 주장했다. 각각의 결과에 대해 하나의 우주를 각각 할당하면 된다는 것이다. 그에 따르면, 슈뢰딩거의 고양이는 절대 모호한 상태에 있는 것이 아니다. 방사성 붕괴라는 양자 사건 자체가 우리를 하나의 우주 또는 그와 다른 우주로 보내버리기 때문이다(고양이가 살아있는 우주와 고양이가 죽어있는 우주다). 우주는 사건이 일어나는 지점에서 빛의 속도로 갈라진다. 마치 두 겹으로 된 화장지가 한 겹씩 분리되는 것과 비슷하다.

따라서 다세계 해석은 무한한 수의 분리된 평행 우주를 제시한다. 여기서 각각의 평행 우주 자체는 더 낮은 수준의 다중 우주일 수 있다. 빅뱅 이후 모든 양자 수준 사건은 자신만의 갈라지는 우주들을 만들고 있다. 따라서 이 레벨3 다중 우주의 구조는 나무에 비유할 수 있다. 다만 가장 작은 가지도 무한한 수의 가지들을 뻗는 프랙탈fractal 구조의 나무다.

여기서 확실한 의문점이 고개를 든다. 우리 우주의 다른 버전들은 다 어디 있을까?

프랙탈
'자기 유사성'을 가진 방정식 또는 기하학적 모양과 같은 수학적 구조. 점점 규모가 작아지면서도 같은 패턴이 반복된다.

B

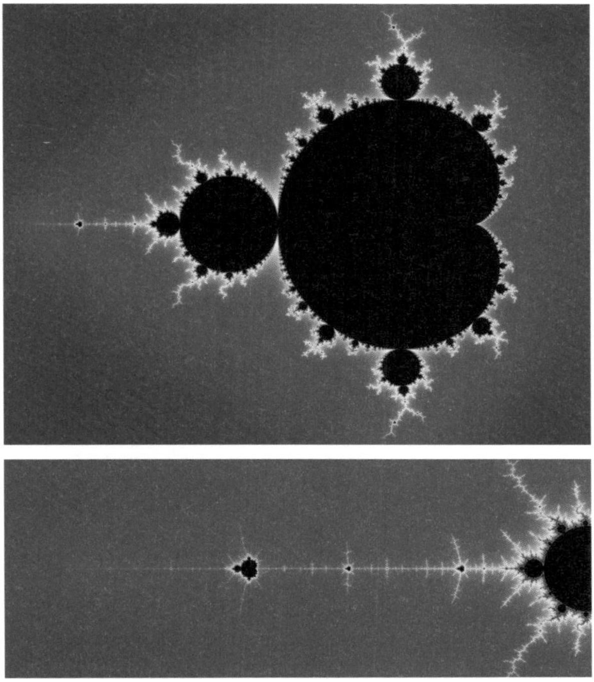

A 1868년 프랑스 작가 베르나르 드 퐁트넬은 무한한 '다수의 세계가 존재할 가능성'으로 한 권의 책을 썼다. '내가 길을 잃은 너무나 광대한 우주를 보라. (…) 우리 세계의 보잘 것 없음은 경악할 일이다.'라는 퐁트넬의 통찰은 상상하기도 힘든 다중 우주의 다중성에 딱 들어맞는 것 같다.

B 망델브로 집합은 잘 알려진 프랙탈의 한 종류다. 간단해 보이는 방정식으로, 경계에 대한 수학적 묘사를 했음에도 자세히 들여다볼수록 무한한 복잡성과 '자기유사성'이 드러난다.

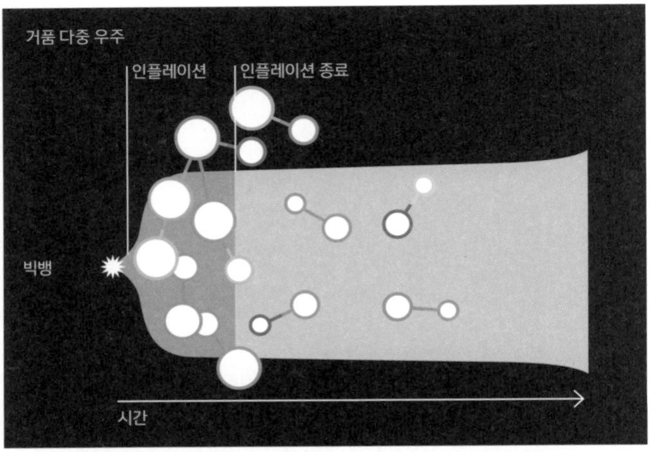

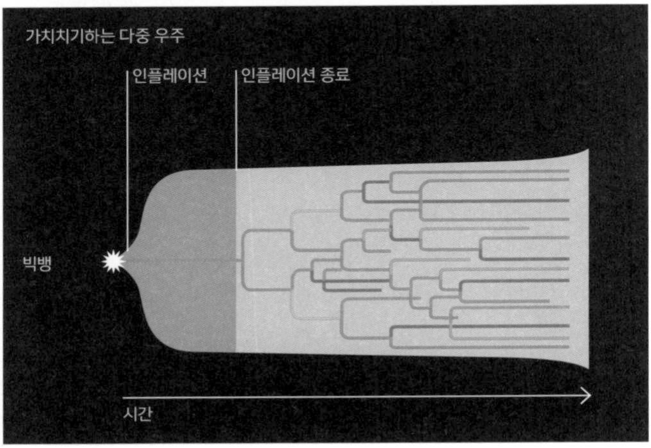

A 레벨2 다중 우주는 우주 거품의 배경 물질에서 급팽창(인플레이션)한 시공간 '거품'에서 나온다. 각각의 거품 우주에서 인플레이션이 끝나더라도, 조건만 맞으면 그 우주에서 새로운 거품이 다시 발생할 수 있다.

B 레벨3 다중 우주는 서로 다른 양자 확률이 연속적인 가지치기를 하면서 나온다. 인플레이션이 끝난 다음에는 이 과정이 멈춘다고 생각하는 물리학자들도 있다. 그러나 이들의 말이 맞는다면, 그 다중 우주는 엄청나게 크기는 하겠지만 무한하지는 않을 것이다.

C 1891년 다비트 힐베르트는 간단한 방법을 이용해 무한히 늘어나는 선으로 유한한 공간을 채우는 프랙탈 곡선에 대해 기술했다.

이상하게 들리겠지만, 답은 그 많은 우주들이 모두 우리가 존재하는 바로 이 시공간에 있다는 것이다. 실제로 대부분의 물리학자들은 해석을 우리의 다중 우주가 양자 사건들의 가능한 모든 결과를 내부에 포함하고 있다는뜻으로 다세계 해석을 받아들이고 있다. 따라서 슈뢰딩거의 고양이가 양자 중첩 상태에 갇힌 것이 아니라, 우리가 무한하게 변하는 현실의 한 특정 가지 위에 앉아있는 것이다(이 관점은 우리가 왜 '이 특정한' 버전의 현실에 사는 것인지에 대해 다양한 주장

들로 뒷받침된다. 예를 들어 우리는 우주를 의식적으로 관찰하면서, '여기' 있기 때문에 우리의 존재를 가능케 한 가지에 앉아있을 수밖에 없다는 생각이다).

이런 종류의 다중 우주를 기술하는 파동 함수는 '힐베르트 공간Hilbert space' 개념으로 설명할 수밖에 없다. 힐베르트 공간은 아주 큰(아마도 무한한) 수의 차원을 가진 수학적 구조를 말한다. 이 경우, 차원은 우리가 이해하는 의미의 것이 아니다. 다중 우주가 힐베르트 공간이라는 생각은 다세계 해석의 소수파에 속하는 '현실주의' 버전이다. 우주가 실제로 가지를 쳐 역사의 모든 지점에서 새로운 물리적 '실체'를 만든다는 생각이다.

양자 중첩과 다중 물리적 실체의 구분은 최종적이면서 가장 추상적인 다중 우주 모델의 등장을 예고했다. 테그마크가 '궁극적인 앙상블ultimate ensemble' 이라고 명명한 레벨4 다중 우주다. 다른 모든 종류의 다중 우주를 발생시키는 물리적 우주가 아닌 수학적 우주다.

C

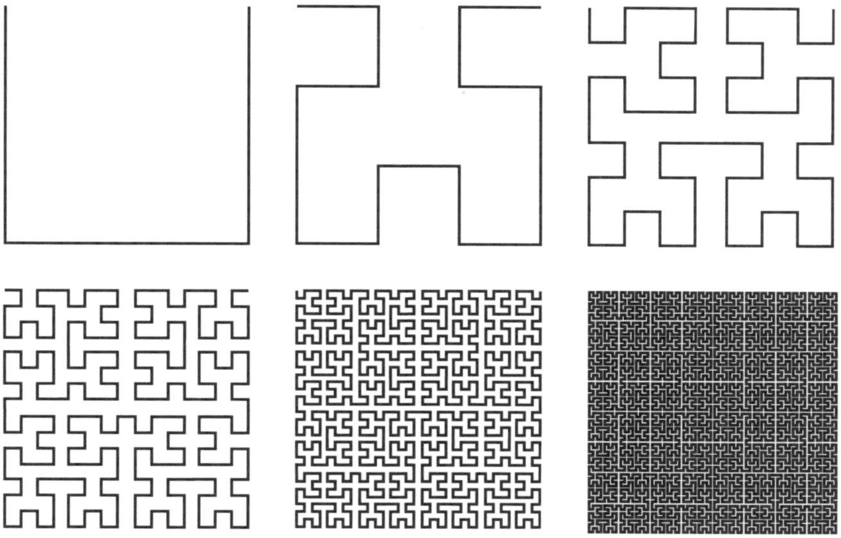

수학자들에게는 사지선다형 문제를 푸는 것처럼 느껴지겠지만, 이 모델은 놀라운 가능성을 던진다. 우주가 수학식으로 기술된다면 아주 강력한 컴퓨터를 이용할 수 있다는 가능성 말이다. 실제로 그렇게 생각하는 과학자들과 철학자들이 있다. 게다가 수학 시뮬레이션이 충분히 구체적이고, 우리가 그 일부라면 이 모델과 현실을 구분할 수 없게 될지도 모른다.

A 르네 데카르트의 《제1철학에 관한 성찰》(1641)은 우리를 속이는 악마가 외부 세계에 대한 관찰 내용을 환상으로 바꿔놓고 있다는 내용으로 시작한다. 데카르트는 그런 악마가 존재한다고 해도 인간의 정신은 반드시 살아남아 변화하는 원소들이 지배하는 우주의 형이상학적 모델을 세워야 한다고 주장했다.

B <매트릭스>는 정교한 컴퓨터 프로그램이 만든 환상을 현실로 받아들인다는 아이디어를 다룬다. 실제로 이 영화가 우리가 인정하고 싶지 않은 현실에 가까울 수 있다고 주장하는 철학자들도 있다.

RENATI
DES-CARTES,
MEDITATIONES
DE PRIMA
PHILOSOPHIA.
IN QVA DEI EXISTENTIA
ET ANIMÆ IMMORTALITAS
DEMONSTRATVR.
PARISIIS,
Apud MICHAELEM SOLY, viâ Iacobeâ, sub signo Phœnicis.
M. DC. XLI.
Cum Priuilegio, & Approbatione Doctorum.

A

B

우주에 대한 일반적인 인식을 정말 신뢰할 수 있는가 하는 이런 종류의 주장은 오랫동안 철학의 단골 주제였다. 이 세상을 외부 세계로 느끼게 하는 환상을, 우리를 속이는 악마가 심었을 가능성이라고 언급한 프랑스의 철학자 르네 데카르트(1596~1650) 이후 지속된 화두였던 것이다.
영화 <매트릭스>(1999)와 같이 대중예술의 주제가 되기도 했다.

영화 개봉 직후 철학자들은 우리가 실제로 시뮬레이션 된 다중 우주에 살고 있을지 모른다는, 설득력 있고 걱정 어린 주장을 펼치기 시작했다. 실재하는 다중 우주의 역사에서 단 하나의 고등 문명이라도 관심을 가지고 시뮬레이션 한다면, 다중 우주에서 시뮬레이션 된 객체들의 수가 실제 물체의 수를 빠르게 앞지르게 될 것이라는 생각이다. 이 둘을 구별할 수 있는 방법은 없다. 때문에 우리는 우리 자신도 그 시뮬레이션 중 하나에 불과하다고 인정해야 할지도 모른다. 이와 반대로, 시뮬레이션 가설은 반증이 불가능하기 때문에 비과학적이라고 하거나, 컴퓨터 성능의 내재적 한계로 다중 우주를 시뮬레이션 하는 것은 불가능하다고 주장하는 일부 철학자들과 과학자들도 있다.

다중 우주의 가능성은 우주의 모양에 관한 의문에 엄청나게 새로운 차원의 복잡성을 더한다. 또한 이 가능성은 우주의 미래 전개 방향과 우주 안에서 우리의 위치에 대한 이해에 중요한 의미를 가진다.

맺으며

A

우주는 어떤 모양일까라는 얼핏 단순해 보이는 질문에 답하기 위해 지금까지 먼 길을 달려왔다. 지구 중심의 우주라는 고대의 생각에서부터 실제로 우리가 관측 가능한 우주의 중심일 수도 있다는 현대의 생각까지, 긴 여행을 했다.
우리는 미국 천문학자 세이건Carl Sagan(1934~1996)의 유명한 말처럼, '우주라는 바다의 모래 한 알'에 불과할지 모른다.

이 여행을 하면서 우리는 중력이 시공간의 모양을 만드는 데 어떻게 핵심적인 역할을 하는지 살펴봤다.
우리가 매일 보는 우주의 익숙한 물질들의 질량이 눈에 보이지 않는 암흑물질의 질량에 비해 엄청나게 작다는 확실한 증거를 발견하기도 했다. 또한 우주의 모든 물질의 중력을 다 합친다 해도 우주를 점점 더 빠르게 우리로부터 멀어지게 하는 신비한 암흑에너지를 이길 수 없다는 사실도 알게 되었다.

지금까지의 증거에 따르면 오늘날의 우주는 평평하다고 말할 수 있다. 우주는 대규모 굴곡 없이 모든 방향에서 본질적으로 동일한 구조를 가지고 있다.

게다가 우주는 (4장에서 살펴본 다른 유형의 다중 우주의 존재가 궁극적으로 증명되는지 여부와 관계없이) 우리가 볼 수 있는 우주의 경계를 훨씬 넘어, 사실상 무한한 레벨1 다중 우주 안으로 팽창하고 있는 것이 거의 확실해 보인다.

물론, 그렇다고 해서 물질에 대해 최종적인 결론을 내릴 수 있는 것은 아니다. 지난 몇 백 년간 우주에 대한 우리의 이해에 너무나 많은 변화가 있어서 현재의 지식이 모든 것을 포괄한다고 생각하는 사람은 거의 없을 것이기 때문이다. 암흑물질과 암흑에너지에 대해서는 답을 찾지 못한 문제들이 분명히 존재한다. 특히 암흑에너지의 세기가 앞으로 계속 무한히 증가할지, 어느 날 점점 줄어들지 여전히 알 수 없다.

B

C

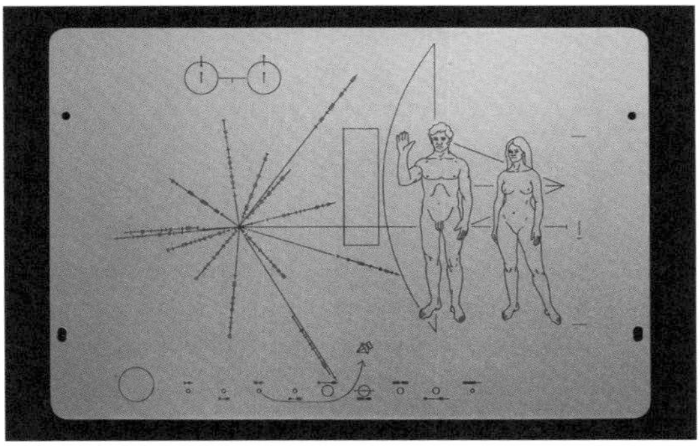

A 항성으로 가득 차고 복잡한 지적 생명체가 존재할 가능성이 있는 우리 은하와 같은 나선 항성계들은 어떤 영향을 받아 우연히 나타났을까? 다중 우주가 작용한 결과일까?

B 칼 세이건은 책과 TV 프로그램을 통해 우주, 생명, 지능에 대한 깊은 질문을 여러 세대에 걸쳐 던졌다.

C 세이건과 동료 과학자인 프랭크 드레이크는 별들에게 보내는 인류 최초의 메시지를 만들었다. 이 메시지는 금으로 도금한 판에 새겨져 파이어니어10호와 11호에 실어 보냈다. 1970년대 초반에 출발한 이 우주선들은 현재 태양계를 벗어난 우주를 여행하고 있다.

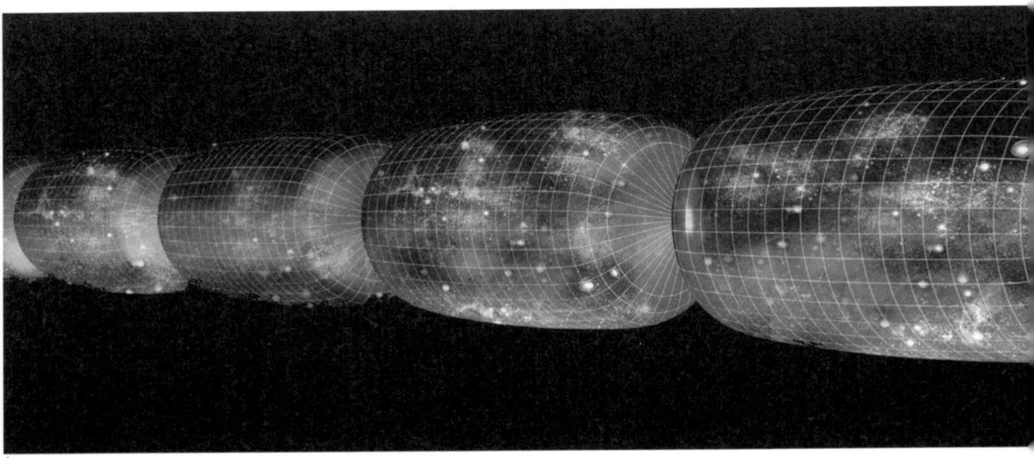
A

암흑물질이나 암흑에너지를 거론하지 않고, 우주에서 관찰한 현상을 설명하려는 다른 중력 이론들도 있다(하지만 현재로서는 거의 관심을 받지 못하고 있다).

**이 이론들도 모두 매우 중요하다.
우주의 모양은 순전히 학문적인 관심의 대상처럼 보인다.
그렇지만 사실 우주의 모양은 미래 우주의 전개 방향과
생명체 존재 전반에 모두 근본적으로 연관된 문제다.**

3장에서 우리는 우주 물질의 밀도가 암흑에너지의 세기와 연결되어 가까운 시공간의 굴곡과 우주 전체의 모양에 어떻게 영향을 미치는지 살펴봤다. 그 영향으로 구 모양의 닫힌 우주, 안장 모양의 열린 우주, 굴곡이 없는 평평한 우주가 나올 수 있었다. 그러나 지금까지 말하지 않은 것은, 이런 모양들이 현재 우주의 기하학적 구조뿐만 아니라 미래 우주의 진화에도 영향을 미친다는 사실이다.

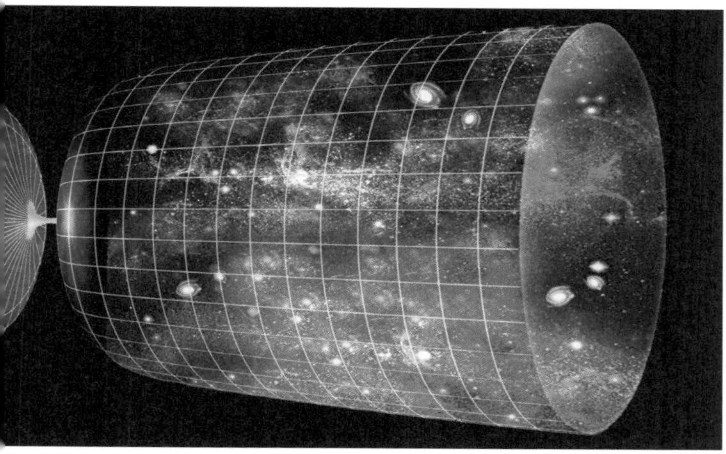

A 순환 우주가 팽창과 수축을 겪고 있는 모습. 그러나 팽창이 새로 시작되는 시점은 완전히 새로운 우주가 태어나는 때와 구분이 불가능하다.

B 가능한 우주의 3가지 운명. 열려 있는 우주(영원히 팽창하는 우주, 핑크색), 평평한 우주(팽창이 결국 멈추는 우주, 파란색), 닫힌 우주(팽창이 결국 역전되는 우주, 초록색). 일부 우주학자들은 시공간에서의 우주의 기원을 알파 포인트로, 우주가 끝나는 시점(있다면)을 오메가 포인트로 부르기도 한다.

C 새로 생기는 우주들 각각의 근본적인 물리 상수들이 무작위적인 값을 갖는다면, 생명체가 존재할 수 있는 조건을 갖는 우주가 나올 확률은 천문학적으로 낮다.

우주가 닫혀있다면, 현재에만 영향을 미치는 것이 아니라 미래 우주의 성장도 제한된다. 어떤 시점에 중력은 빅뱅에서 시작된 팽창을 극복하고, 다시 모든 것을 끌어당길지도 모르기 때문이다. 먼 미래에 우주는 점점 밀도가 높아지고 온도가 올라가다 대붕괴, 빅 크런치big crunch로 알려진 엄청나게 뜨겁고, 밀도가 높은 상태로 다시 뭉칠 것이다. 이런 붕괴는 수조 년 안에는 일어나지 않을 것이며, 시공간이 다시 튀어 올라 새로운 빅뱅을 일으키기 직전에야 절정을 이룰 것이다(끝이 나지 않는 순환 우주cyclic universe의 새로운 국면이 될 수도 있지만, 우리가 알고 있는 우주의 확실한 종말을 알리는 신호일 수도 있다).

순환 우주
우리 우주가 새로운 빅뱅으로 다른 우주로 대체되는 영원한 주기를 가진다는 이론.

B

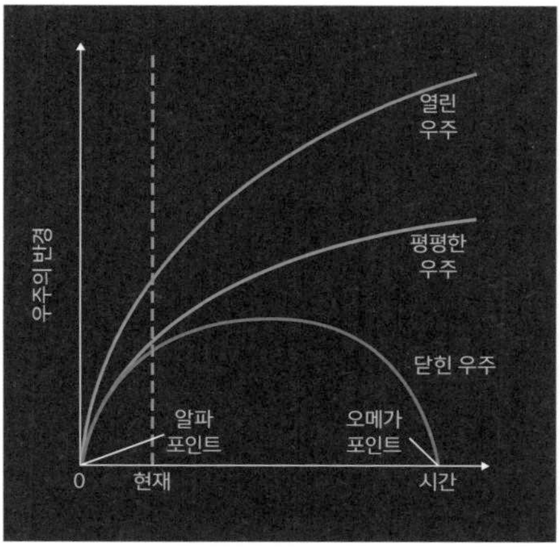

C

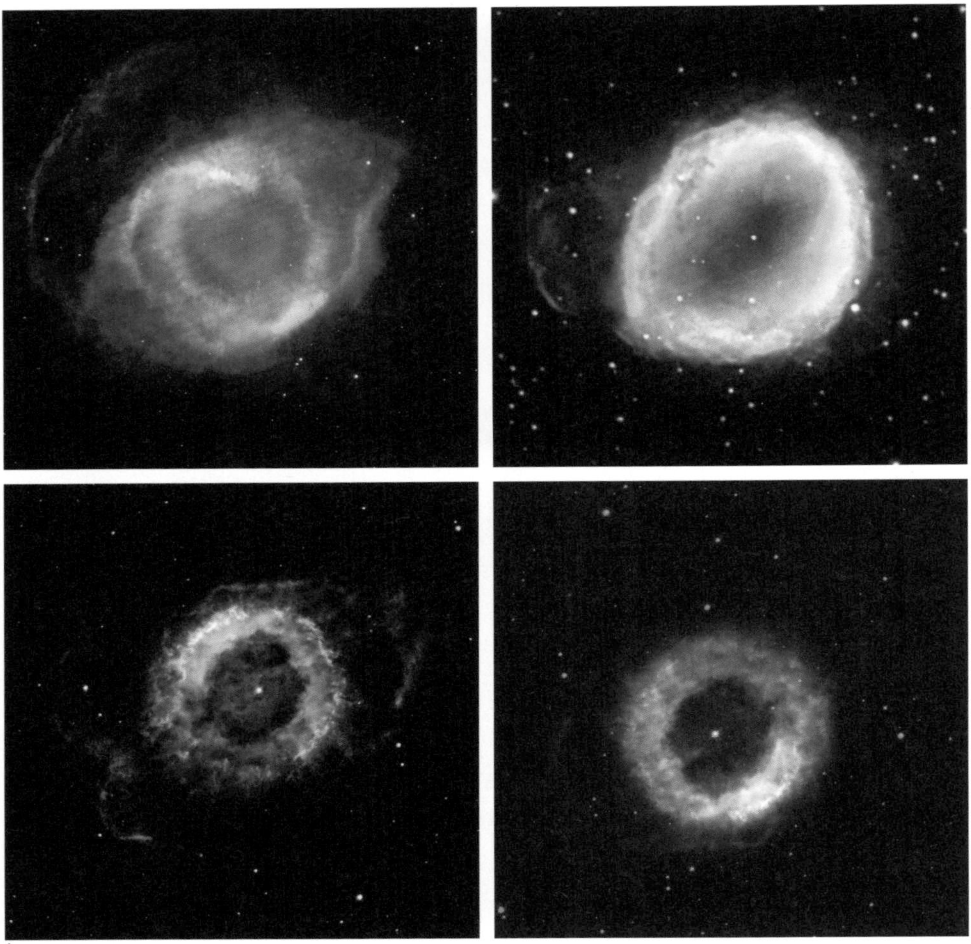

A

반대로, 오늘날 열린 우주는 중력이 팽창의 초기 속도를 절대 극복할 수 없는 우주다. 물체들은 너무나 빠르게 서로 멀어져 다시 합치지 못할 것이다. 우주는 영원히 팽창할 것이다. 이 시나리오에서 우주의 운명은 '빅 칠Big Chill, 극저온 상태'이 된다. 은하들이 서로 점점 더 멀어지면서 나중에 나타나는 항성들은 핵융합을 일으킬 수 있는 연료가 떨어지고, 하늘은 천천히 식어가는 항성의 유해들로만 가득 차 어둡게 변할 것이다.

균일한 우주 또는 기하학적으로 평평한 우주, 즉 우리가 현재 살고 있는 우주와 표면적으로 유사한 우주는 앞에서 언급한 두 우주 사이의 경계를 이룬다는 생각을 한 적이 있었다. 팽창을 늦출 만큼의 질량을 가지고 있지만, 팽창을 역전시킬 정도의 질량은 갖고 있지 않은 우주라고 생각했다. 결국 팽창 속도가 점점 줄어, 열린 우주 모델에서 본 것과 비슷한 빅 칠의 운명을 맞게 될 것이다.

하지만 마이크로파 배경 측정에서 얻은 증거에 따르면 우리 우주가 평평한 진짜 이유는 물질의 질량 때문만이 아니라, 직관과는 반대로 팽창을 촉진하면서 우주 에너지의 양에 기여하는 암흑에너지가 존재하기 때문이기도 하다. 이는 평평한 동시에 팽창 속도가 줄어들지 않으면서 영원히 팽창할 수 있는 우주가 가능하다는 뜻이다.

B

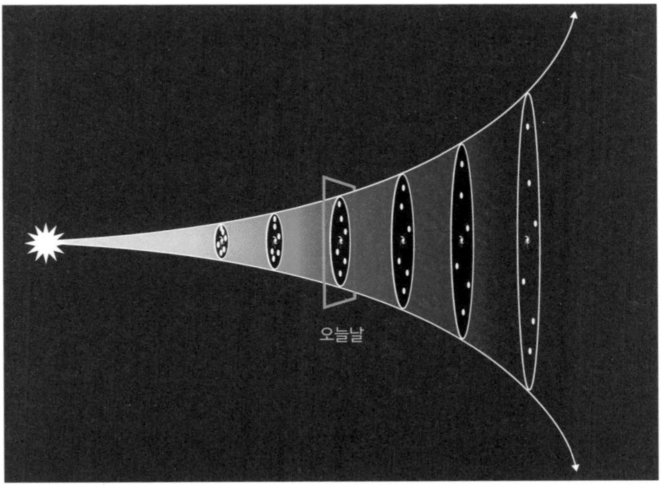

A 행성 모양 성운planetary nebula은 수명이 끝나가는 항성들이 만드는 아름답지만 수명이 짧은 우주 반지구름이다. 핵들은 다 탄 뒤에도 왜성들처럼 수십억 년 동안 불꽃을 남기지만, 결국 이 불꽃들도 희미해지고 식어서 분해된다.

B 암흑에너지는 점점 더 빠르게 우주를 팽창시키고 있기 때문에 물질과 열에너지는 계속 더 엷게 퍼지면서 결국 우주를 빅 칠 상태로 이끌 것이다.

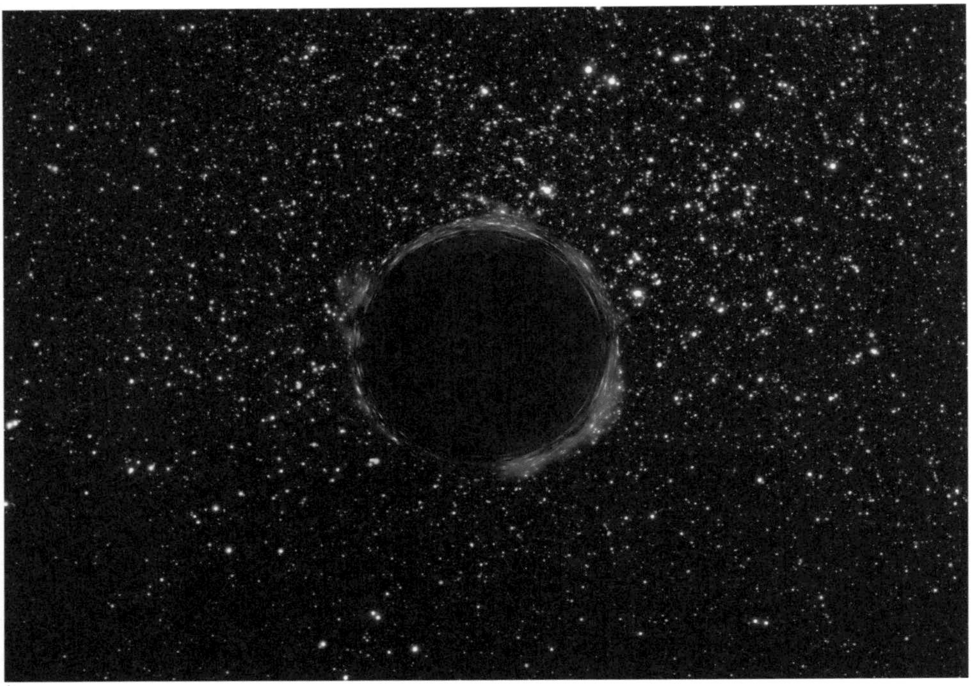

A

우주는 빅 칠 상태에 이를 것이 거의 확실해 보인다.
그러나 암흑에너지가 확실히 우주의 역사 내내 세기가
커져왔다는 발견은 또 하나의 놀라운 가능성을 제시한다.
몇천억 년에 걸쳐 천천히 식으면서 죽어가지 않고,
도리어 암흑에너지가 우주를 지금보다 훨씬 더
이전 시점으로 몰고 갈 가능성은 없을까?
빅 립*Big Rip (우주가 산산조각나면서 최후를 맞는 상태) 가설은
암흑에너지에 의해 우주 팽창이 빨라지는 속도가
꾸준히 증가하는 것이 아니라 기하급수적으로exponentially
늘어날 수 있다고 주장한다.

이 시나리오에서는 팽창 속도가 시간이 갈수록 빨라진다. 처음에 큰 규모에서는 중력이 끌어당기는 힘을 압도하고, 그 후 점점 더 작은 규모에서도 중력을 압도하게 될 것이다. 이런 예측을 뒷받침하는 첫 번째 신호는 대부분의 먼 은하에서 팽창이 먼저 가속되고, 비교적 가까이 있는 은하들과 우리의 거리도 공간 팽창에 따라 결국 멀어지고 있는 현상에서 찾을 수 있다. 따라서 우리 은하가 위치한 라니아케이아 초은하단Laniakea supercluster이 먼저 붕괴되고, 결국 우리 은하도 중력의 힘이 상대적으로 줄어들면서 와해되기 시작할 것이다. 끝을 향해 가면서 우리 태양계도 산산이 흩어질 것이고, 암흑에너지가 압도적으로 강해지면서 결국 행성들도 파괴되기 시작할 것이다. 최후의 빅 립 상태에 이르면 암흑에너지가 전자기력, 분자와 원자들을 묶는 핵력을 압도해 모든 것은 아원자 입자로 산산이 부서지게 될 것이다.

기하급수적 증가 현재의 값에 비례해 속도가 증가하는 현상(예를 들어 우주의 크기가 2배가 되는데 x년이 걸린다고 가정하면, 그 크기에서 다시 2배가 되는데 걸리는 시간은 1/2x년, 또 다시 2배가 되는 데 걸리는 1/4x년이 되는 식이다).

라니아케아 초은하단 은하수에 가장 가까운 대형 우주 구조. 우리 운하는 길이 약 1억 광년의 이 초은하단의 한쪽 끝에 위치해 있다.

A 블랙홀처럼 가장 밀도가 높은 물질 형태조차 빅 칠 우주에서는 시간이 지나면 증발할 것이다.

B 빅 립은 암흑에너지가 점점 커지면서 공간의 크기가 기하급수적으로 늘어나는 현상이다. 처음에는 가장 큰 규모에서 관찰되며, 먼 은하들을 점점 더 빠른 속도로 갈라놓는다(현재 우주에서 우리가 보고 있는 현상이다). 빅 립은 힘이 증가하면서 더 작은 규모에서도 영향을 미친다.

B

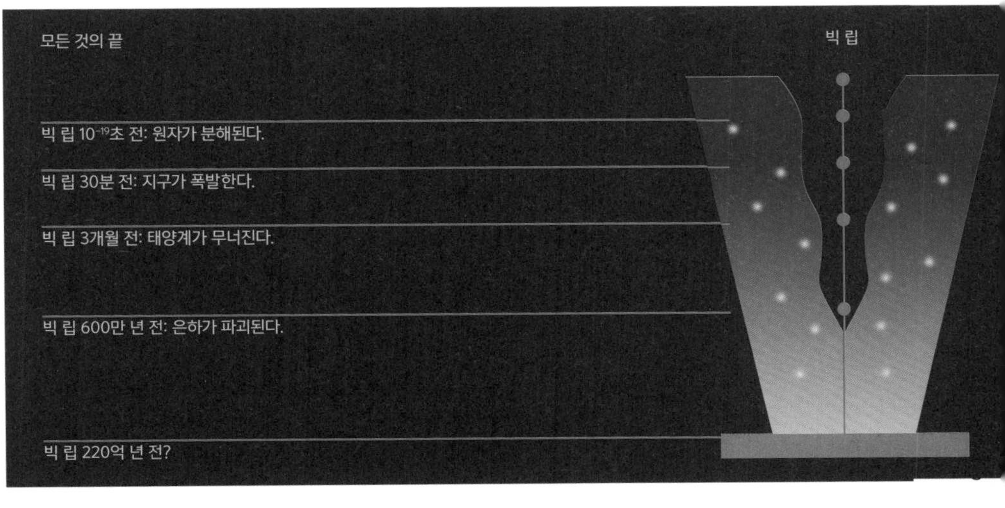

상수 물리적 성질 사이의 강도를 나타내는 숫자로, 우주 전체에서 동일한 값을 갖는다고 생각된다.

용매 분자들이 그 안에서 움직이고 서로 부딪혀 화학 반응이 일어날 수 있는 액체.

A 지구는 생명체 진화에 이상적인 조건을 갖고 있지만, 우주학자들은 왜 그런지 아직도 원인을 찾지 못하고 있다.
B 지구에 넘치는 생물체들은 수십억 년에 걸쳐 지질학적 진화를 이끌었다. 예를 들어 암반지층은 전체가 오래된 숲의 잔존물로 구성된다.
C 대형 강입자 충돌기 같은 장치로 진행한 실험 결과를 보면 우리 우주는 안정된 물질들과 그 물질들로 이루어지는 다른 모든 물질들이 존재할 수 있도록 '미세 조정' 되었다는 생각이 더욱 강하게 든다.

빅 립은 진짜로 일어날까?

물리학자들은 암흑에너지가 어떤 이유로, 음의 운동 에너지(움직이는 보통 물질에 내재된 운동 에너지)를 가진 '팬텀 에너지'라는 특정한 형태가 될 때만 가능하다고 본다. 게다가 빅 립의 성장 속도는 특정한 우주 상수constant들의 값에 의존하기 때문에 현재의 측정 결과로는 애초에 이런 대재앙이 가능하다고 해도 몇백억 또는 몇천억 년 동안은 일어나지 않을 것으로 보인다. 우주의 모양과 구조에 대한 현재의 지식에 기초하면 우리의 먼 후손들은 빅 립보다는 빅 칠에 대처해야 할 가능성이 더 높다. 우리 태양이 몇십억 년이라는 '짧은' 시간 안에 수명을 다할 거라는 사실을 고려하면 더욱 그렇다.

우리의 궁극적인 운명이라는 문제를 논외로 하더라도, 우주의 모양은 가장 거대한 문제에 대한 신선한 관점을 제공하기도 한다. 바로 우리는 왜 '여기' 존재하는가이다. 우주에 대한 우리의 관찰 결과 가운데 가장 놀라운 것은 우주가 이상할 정도로 생명체 발생에 맞게 미세 조정fine-tuned된 것으로 보인다는 점이다.

우주의 기본 입자들의 성질과 근본적인 힘들의 세기는 생명체 발생에 맞춰졌다. 이 요인들이 아주 조금만 달랐어도 생명체는 나오지 못했을 것이다. 예를 들어, 전자기력의 세기가 줄면 물이 안정적인 액체 형태를 가지는 온도 범위가 엄청나게 줄어든다(생물·화학 반응에서 용매solvent로 작용하려면 물은 반드시 액체여야 한다). 중력이 조금만 달라져도 행성, 항성, 은하는 서로 뭉치지 못하고 블랙홀로 빨려 들어갈 것이다. 핵력이 변화한다면 항성은 융합 반응에 영향을 받아 수명이 달라지고 빛을 내지도 못한다.

C

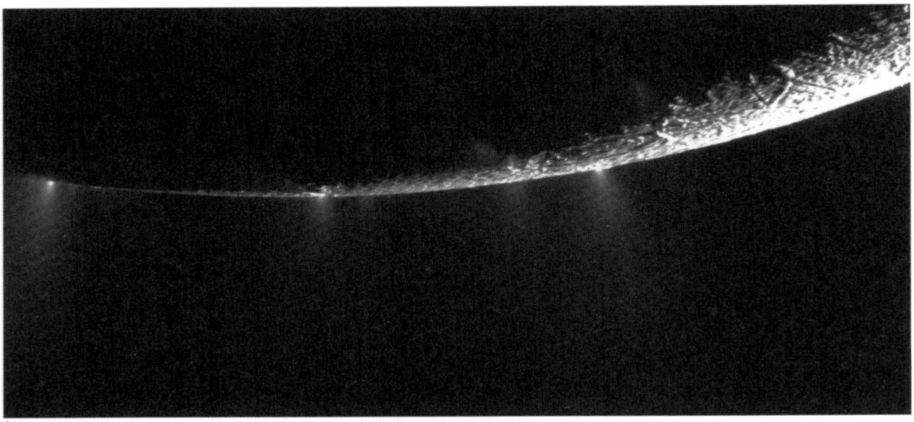
A

중입자 물질이 반물질보다 훨씬 많이 존재해 우리 우주의 치명적인 소멸annihilation이 일어나는 것을 막고 있는(어떤 상황에서도 물질이 확실히 존재하도록 해주는) 현상도 이런 우주적 우연 가운데 하나다. 암흑물질이 대량 존재해 대규모 우주 구조가 형성되게 하고, 암흑에너지, 물질 그리고 우주를 팽창시킨 초기의 힘이 균형을 이뤄 우리 우주가 지금까지 수십억~수백억 년 동안 안정된 형태로 진화하며, 앞으로 수십억 ~수백억 년 동안 더 진화할 수 있게 된 것도 모두 우주적 우연이다.

이 놀라운 우연들을 설명하기 위해 천문학자들은 인류지향 원리anthropic principle라는 간단하지만 강력한 개념을 든다. 1973년에 카터Brandon Carter가 처음 제시하고 1980년대에 배로John D. Barrow와 티플러Frank Tipler(1947~)가 보완한 이 원리는 약한 인류 원리와 강한 인류 원리 2가지 형태가 있다. 전자는 우주가 생명체의 발생을 돕도록 미세 조정되었다는 사실에 놀라서는 안 된다는 것이다. 그렇지 않다면 우리가 여기에 존재해 우주를 관찰할 수 없기 때문이다. 후자는 여기서 훨씬 더 나아가 우주가 생명체를 만들어야 할 강력한 의무를 지고 있다고 주장한다. 우주는 특정한 방식으로 실제로 미세 조정되었기 때문이다.

A 토성의 작은 위성 엔셀라두스의 얼어있는 지각 밑에는 물이 간헐천 물기둥처럼 솟는, 액체로 이뤄진 대양이 존재한다. 우리 태양계의 외계인들은 이 대양의 존재를 환영 인사로 받아들였을지도 모른다.

B 외계인들은 매우 건조해 보이는 화성 표면에 흐르는 액체 상태의 물을 보고 소박한 삶을 살 수 있는 거주지를 발견했다고 생각했을지 모른다.

B

소멸
균형 잡힌 물질과 반물질 입자가 서로를 만나는 순간 에너지로 거의 100% 변환되는 현상.

인류지향 원리 이 말의 원뜻은 '인간과 관련된'이다. 본질적으로 인류 원리는 우주 안에서의 인간의 존재를 생각하지 않고서는 우주를 제대로 이해할 수 없다는 생각을 담고 있다.

브랜든 카터(1942~)
호주의 이론물리학자. 우주 관찰 결과를 평가하기 위해서는 우주 안에서의 현재 우리의 존재를 반드시 고려해야 한다는 인간 중심의 우주 원칙을 1973년에 최초로 제시했다.

존 D 배로(1952~)
영국의 우주학자로 케임브리지 대학교 수리과학 교수이자, 유명 작가. 인류 원리와 철학과 물리학 사이의 영역을 연구했다. "우주는 이해하기 쉬울 만큼 충분히 단순하기 때문에 우주를 이해할 수 있는 정신을 만들어낼 수 없다"라는 말로 유명하다.

배로와 티플러는 우주가 강한 인류 원리에 지배되는 이유를 3가지로 요약했다. 첫째, 외부의 힘이다. 우리의 차원을 넘어서는 지적 생명체가 생명체 발생이 가능한 우주를 만들었다는 주장이다. 이 존재가 신이든, 강력한 힘을 가진 외계인이든, 수학적으로 미세 조정된 모델(4장의 시뮬레이션 가설 참조)을 만든 포스휴먼 설계자이든 간에, 종교적인 관점에서만 보지 않는다면 별 차이가 없다.

나머지 2가지 이유는 우주의 모양과 속성에 대한 근본적인 관찰 결과에 의존한다. 하나는 우주를 관찰할 능력을 가진 지각 있는 존재가 생기지 않았다면 우주는 아예 존재할 수 없었을 거라는 논리다. 이상하게 들리겠지만, 4장에서 다룬 양자물리학의 이상한 세계를 다시 떠올려보자. 양자 현상 자체가 그 양자 현상의 명확한 결과 안으로 녹아들어가기 전에 관찰되어야 한다면, 전체 우주도 이와 비슷하게 슈뢰딩거의 고양이처럼 불확실성 상태에 갇힌 것일지도 모른다.

이런 생각이 다세계 해석의 관점 중 하나라는 사실을 고려하면 이야기는 한층 더 흥미진진해진다. 우주는 왜 그런지는 모르지만, 우리가 존재하는 우주 안으로 녹아든 수없이 많은 양자 상태들의 거대한 중첩superposition 구조라는 생각 말이다. 지각이 있는 관찰자가 이 중요한 역할을 했다는 것을 증명할 수 있다면 우리는 실제로 레벨3 '양자' 다중 우주에 살고 있다고 인정해야 할지도 모른다.

세 번째 이유는 생각할 수 있는 모든 선택들이 포착되는 거대한 우주들의 앙상블 중 하나에 불과하다는 것이다. 혼돈 인플레이션이 일어나는 레벨2 다중 우주를 떠올리게 하는 대목이다. 우주는 고유의 차원들, 다른 종류의 근본적인 힘들을 가진 수없이 많은 거품 우주들을 만드는 영원한 구조라는 생각이다. 이 거품 우주들은 대부분 엄청나게 크고 텅 비어 있으며 생명체가 살지 않는 거시공동일 것이다. 그렇지 않은 거품 우주들은 너무 불안정해서 형성되자마자 붕괴해버릴 것이기 때문이다. 우리의 거품 우주가 우연히 생명체가 살 수 있는 우주가 된 것은 간단히 요약하면 약한 인류 원리 때문이다.

A 고대의 우리 조상들이 처음으로 하늘에 새겨놓은 별자리 모양을 보면 우주에 대한 우리의 시각이 아직도 어쩔 수 없이 우주에서의 우리 위치로 결정된다는 것을 확인할 수 있다. 알렉산더 제이미슨의 《천체 지도Celestial Atlas》(1822) 인쇄용 판.

A

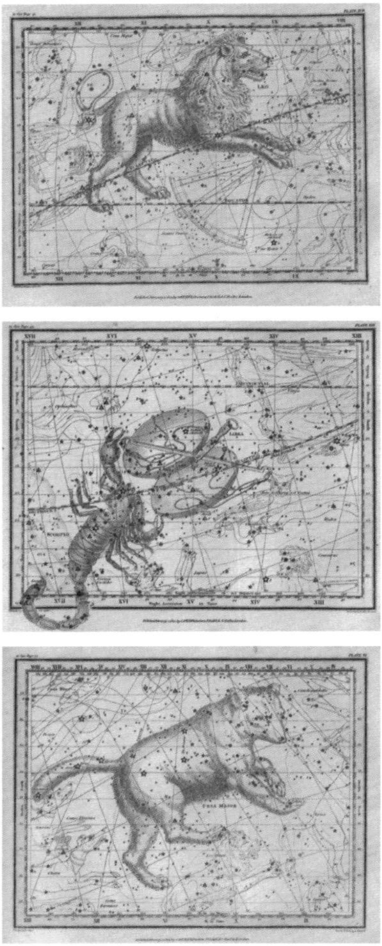

B

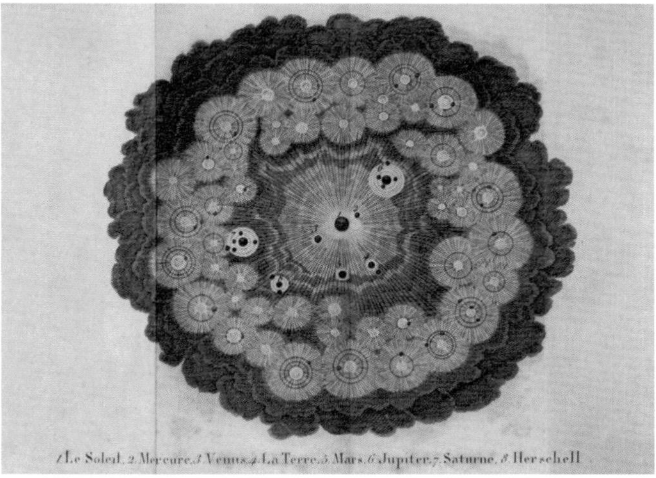

B 현대 우주학이 던지는 메시지는 베르나르 드 퐁트넬이 17세기에 처음 생각했던 것과 정확하게 같다. 우리 우주는 수없이 많은, 아마도 무한한 세계들 중 하나에 불과하다는 생각 말이다. 베르나르 드 퐁트넬의 《세계의 다양성에 관한 대화》(1686) 인쇄용 판.

지난 세기 동안 우주의 모양을 이해하기 위한 우리의 노력은 코페르니쿠스, 심지어는 허블이 상상한 모든 것을 훨씬 넘어서는 결과로 나타났다. 물질과 에너지의 숨은 형태, 우주의 기원, 운명과 함께 생명의 비밀도 거의 밝혀졌다. 중력과 물질의 비밀스러운 관계 때문에 활짝 열린 모든 이상한 가능성들을 고려할 때 이 모든 것들 중 아마도 가장 놀라운 점은 우리가 볼 수 있는 우주가 상상할 수 있는 거의 가장 간단한 모양을 가지고 있다는 사실일 것이다.

우주가 균일하고 평평한 구조가 아니라면, 우리가 여기서 우주를 보는 것이 불가능했을지 모른다.

참고 문헌

Amendola, Luca, *Dark Energy: Theory and Observations* (Cambridge: Cambridge University Press, 2010)

Barrow, John D. and Tipler, Frank J., *The Anthropic Cosmological Principle* (Oxford: Oxford University Press, 1986)

Bartusiak, Marcia, *Einstein's Unfinished Symphony: The Story of a Gamble, Two Black Holes, and a New Age of Astronomy* (New Haven, Connecticut: Yale University Press, 2017)

Davies, Paul, *The Goldilocks Enigma: Why Is the Universe Just Right for Life?* (London: Penguin Books, 2006)

Davies, Paul, *Other Worlds: Space, Superspace and the Quantum Universe* (London: J. M. Dent & Sons, 1980)

Einstein, Albert, *Relativity: The Special and General Theory* (New York: Crown Publishing Group, 1961, English translation)

Gilliland, Ben, *How to Build a Universe: From the Big Bang to the End of the Universe* (London: Philip's, 2015)

Gott, J. Richard and Vanderbei, Robert J., *Sizing up the Universe* (Washington: National Geographic, 2011)

Greene, Brian, *The Elegant Universe: Superstrings, Hidden Dimensions and the Quest for the Ultimate Theory* (London: W. W. Norton and Company, 2003)

Guth, Alan H., *The Inflationary Universe* (New York: Perseus Books, 1997)

Hawking, Stephen, *A Brief History of Time: From Big Bang to Black Holes* (London: Bantam Press, 1988)

Hawking, Stephen, *The Universe in a Nutshell* (London: Transworld Publishers, 2001)

Hoskin, Michael, The *Cambridge Illustrated History of Astronomy* (Cambridge: Cambridge University Press, 1997)

Jones, Mark H., Lambourne, Robert J., and Serjeant, Stephen (eds.), *An Introduction to Galaxies and Cosmology* (2nd revised edition, Cambridge: Cambridge – Open University, 2015)

Krauss, Lawrence M., *The Greatest Story Ever Told – So Far* (New York: Atria Books, 2017)

Krauss, Lawrence M., *A Universe from Nothing: Why There Is Something Rather than Nothing* (New York: Free Press, 2012)

Liddle, Andrew, *An Introduction to Modern Cosmology* (3rd edition, (Chichester, West Sussex: John Wiley and Sons, 2015)

Panek, Richard, *The 4 Percent Universe: Dark Matter, Dark Energy and the Race to Discover the Rest of Reality* (London: Oneworld Publications, 2011)

Rees, Martin, *Just Six Numbers: The Deep Forces that Shape the Universe* (London: Weidenfeld & Nicolson, 1999)

Rovelli, Carlo, *Seven Brief Lessons on Physics* (New York: Riverhead Books, 2016)

Rovelli, Carlo, *Reality Is Not What it Seems: The Journey to Quantum Gravity* (London: Allen Lane, 2016)

Sagan, Carl, *Cosmos* (London: Macdonald and Co, 1980)

Schilling, Govert, *Ripples in Spacetime: Einstein, Gravitational Waves, and the Future of Astronomy* (Cambridge, Massachusetts: Belknap Press, 2017)

Smoot, George and Davidson, Keay, *Wrinkles in Time: Witness to the Birth of the Universe* (New York: William Morrow and Company, 1993)

Sparrow, Giles, *50 Astronomy Ideas You Really Need to Know* (London: Quercus, 2016)

Sparrow, Giles, *The Universe: In 100 Key Discoveries* (London: Quercus, 2012)

Thorne, Kip S., *Black Holes and Time Warps: Einstein's Outrageous Legacy* (London: W. W. Norton and Company, 1994)

Weinberg, Steven, *Cosmology* (Oxford: Oxford University Press, 2008)

사진 출처

Every effort has been made to locate and credit copyright holders of the material reproduced in this book.
The author and publisher apologize for any omissions or errors, which can be corrected in future editions.

a = above, b = below,
c = centre, l = left, r = right

2 DrHitch / Shutterstock.com
4–5 NASA, ESA, H. Teplitz and M. Rafelski (IPAC / Caltech), A. Koekemoer (STScI), R. Windhorst (Arizona State University) and Z. Levay (STScI)
6–7 Andreas Cellarius, The Harmonia Macrocosmica, 1660
8–9 ESO / H.H. Heyer
10 Camille Flammarion, L'Atmosphère: Météorologie Populaire, 1888
11 Oliver Byrne, The first six books of the Elements of Euclid, 1847
12 Babak Tafreshi / National Geographic / Getty Images
13 British Library, Oriental Manuscripts, Add MS 7474 / Qatar Digital Library

14–15 Andreas Cellarius, The Harmonia Macrocosmica, 1660
16 Science History Images / Alamy Stock Photo
17 Johannes Kepler, Mysterium Cosmographicum, 1596
18–19 T.H. Jarrett (IPAC / SSC)
20 Illustration by Tim Brown
21 NASA, ESA, K. Sahu and J. Anderson (STScI), H. Bond (STScI and Pennsylvania State University), M. Dominik (University of St. Andrews) and Digitized Sky Survey (STScI / AURA / UKSTU / AAO)
21 NASA, ESA, K. Sahu and J. Anderson (STScI), H. Bond (STScI and Pennsylvania State University), M. Dominik (University of St. Andrews)
22 (all) Friedrich Wilhelm Bessel, Zeichnungen von Halley's Comet 1835, 1835
23 (both) IndividusObservantis
24 (all) Galileo Galilei, Sidereus Nuncius, 1610
25 ESO / S. Brunier
26 William Parsons, Whirlpool Galaxy, 1845
27 (all) Cecil G. Dolmage, Astronomy of To-day, 1909
28 l Francis Gladheim Pease
28 r NASA, ESA and the Hubble Heritage Team (STScI / AURA)
29 Photo Ardon Bar Hama. © The Albert Einstein Archives, the Hebrew University of Jerusalem, Israel
30 a Case Western Reserve University, Cleveland, Ohio
30 b Illustration by Tim Brown
31 l Hermann Minkowski
31 r, 32 Illustration by Tim Brown
33 a (all) NASA, A. Bolton (UH / IfA) for SLACS and NASA / ESA
33 c NASA, ESA, A. Bolton (Harvard-Smithsonian CfA) and the SLACS Team
33 cb ESA / Hubble and NASA
33 b NASA and ESA
34–35 Jon Morse (University of Colorado), and NASA
36 NASA, ESA, M. Livio (STScI) and the Hubble Heritage Team (STScI / AURA)
37 (all) Isaac Newton, Opticks: or, A treatise of the Reflections, Refractions, Inflections and Colours of Light, 1730
38 a Lowell Observatory Archives, Flagstaff, Arizona / Joe Haythornthwaite
38 b Lowell Observatory Archives, Flagstaff, Arizona
39 a Chris North / Cardiff University
39 b Nigel Sharp (NOAO), FTS, NSO, KPNO, AURA, NSF
40 (all) Illustrations by Dan Streat
41 Jon Morse (University of Colorado), and NASA / ESA
42 l NASA / JPL-Caltech
42 r ESA / Hubble and NASA
43 l SSPL / Getty Images
43 r F. W. Dyson, A. S. Eddington, and C. Davidson, A Determination of the Deflection of Light by the Sun's Gravitational Field, from Observations Made at the Total Eclipse of May 29, 1919, 1920
44 (all) The SXS (Simulating eXtreme Spacetimes) Project
45 Archives Georges Lemaître, Université catholique de Louvain, Louvain-la-Neuve, Belgium
46 l Special Collections & Archives Department,

Nimitz Library, U.S. Naval Academy, Annapolis, Maryland
46 ar, br Illustration by Tim Brown
47 M. Blanton and SDSS
48 l Lars Lindberg Christensen
48 r 2dF Galaxy Redshift Survey
49 Two Micron All-Sky Survey
50 (both) Illustration by Tim Brown
51 l Georges Lemaître, The Primeval Atom, 1950
51 r Fred Hoyle, The Nature of the Universe, 1950
52 l ESA / NASA / SOHO
52 r X-ray: NASA / CXC / RIKEN / D.Takei et al; Optical: NASA / STScI; Radio: NRAO / VLA
53 Bettmann / Getty Images
54–55 a NASA / CXC / M. Weiss
55 c COBE Project, DMR, NASA
55 cb NASA / WMAP Science Team
55 b ESA and the Planck Collaboration
56 NASA
57 a Lockheed Missiles and Space Company (Lockheed Martin)
57 bl NASA
57 br NASA / ESA
58 NASA / ESA / Pontificia Universidad Católica de Chile
59 (all) NASA, ESA, A. van der Wel (Max Planck Institute for Astronomy), H. Ferguson and A. Koekemoer (Space Telescope Science Institute), and the CANDELS team
60a NASA / Desiree Stover
60b NASA / MSFC / David Higginbotham
61 a ESA–Planck collaboration
61 b NASA / WMAP Science Team
62 (both) Illustration by Tim Brown
63 Pablo Carlos Budassi
64–65 Science Photo Library/ Getty Images
66 al Science Photo Library
66 ac, ar, cl Kevin Rauch / Allan Davis / Science Photo Library
66 c, cr, bl, bc, br Benjamin Bromley / Science Photo Library
67, 68 (all) Illustration by Tim Brown
69 (all) Instituut-Lorentz for Theoretical Physics, Leiden University, The Netherlands
70 National Oceanic and Atmospheric Administration, USA
71 S. Maddox, School of Physics and Astronomy, University of Nottingham et al., APM Survey, Astrophysics, Department of Physics, University of Oxford
72–73 (all) Jason Fletcher, Charles Hayden Planetarium, Museum of Science, Boston
74 NASA / JPL–Caltech / University of Wisconsin
75 a NASA / ESA, The Hubble Heritage Team (STScI / AURA)
75 b NASA, ESA, M. Robberto (Space Telescope Science Institute / ESA) and the Hubble Space Telescope Orion Treasury Project Team
76 al ESA / LFI and HFI Consortia
76 ar MPI
76 bl NASA / ESA / DSS2 (background image); ESA / LFI and HFI Consortia (overlay)
76 br NASA / ESA / DSS2 (background image); MPI (overlay)
77 (both) NASA / JPL–Caltech
78 l NASA, ESA, and the Digitized Sky Survey 2. Davide De Martin (ESA / Hubble)
78 ar NASA, ESA, and the Hubble Heritage Team (STScI / AURA)
78 br Priyamvada Natarajan et al, doi.org/10.1093/mnras/stw3385
79 a Department of Terrestrial Magnetism, Carnegie Institution of Washington, Washington, D.C.
79 b X-ray: NASA / CXC / MIT / E.-H Peng et al; Optical: NASA / STScI
80 ESO / Digitized Sky Survey 2
81 NASA Goddard / Jeremy Schnittman
82 Earth: NASA / BlueEarth; Milky Way: ESO / S. Brunier; CMB: NASA / WMAP
83 Chris North / Cardiff University
84 NASA / WMAP Science Team
85 Illustration by Tim Brown
86–87 a (all) NASA / Swift / S. Immler
87 b (all) ESO /P.A. Woudt
88 X-ray: NASA / CXC / University of Texas / S.Post et al, Infrared: 2MASS

/ UMass /
IPAC-Caltech / NASA / NSF
89 (both) Illustration by Tim Brown
90 a Prof. Justin Read and Dr Oscar Agertz
90 b (all) Mark Vogelsberger
91 andrey_l / Shutterstock.com
92–93 Victor de Schwanberg / Science Photo Library / Getty Images
94 NASA, ESA, G. Illingworth (University of California, Santa Cruz), P. Oesch (University of California, Santa Cruz; Yale University), R. Bouwens and I. Labbé (Leiden University), and the Science Team
95 picture-alliance / dpa / akg-images
96 Illustration by Tim Brown
97 Max Tegmark, Angelica de Oliveira-Costa and Andrew Hamilton, space.mit.edu/home/tegmark/wmap.html
98 l CERN
98 r (both) Lucas Taylor / CERN
99 NASA Goddard / Aaron Kaase
100 Renate Sanscherowski
101 Moonrunner Design Ltd
102 NASA
103 CERN
104 a NASA / JPL / University of Texas Center for Space Research
104 c The computer model that produced this snapshot of the simulated geomagnetic field was developed and run by Gary A Glatzmaier (University of California, Santa Cruz) and Paul H. Roberts (University of California, Los Angeles)
104 b Science Photo Library / Getty Images
105 Illustration by Tim Brown
106 l Courtesy trailfan
106 ar Dr Eran Palti
106 br Andrew J. Hanson
107 Courtesy parameter_bond
108 Nicolle R. Fuller / Science Photo Library
109 a ESA and the Planck Collaboration
109 b NASA / WMAP Science Team
110 (both) Illustration by Tim Brown
111 (both) Steve Spicklemire, University of Indianapolis
112 (all) PoorLeno
113 a SSPL / Getty Images
113 b Courtesy Jie Qi
114 (all) Bernard Le Bovier de Fontenelle, Conversations on the Plurality of Worlds, 1686
115 a Wolfgang Beyer
115 b Michael Heasell
116 (both) Illustration by Tim Brown
117 Illustration by Tim Brown
118 l Bibliothèque Nationale de France, Paris
118 r Library of Congress, Washington D.C.
119 (both) CineMaterial
120–121 Courtesy Tim Brown and Giles Sparrow
122 NASA / A. Fujii
123 a Still from Cosmos: A Personal Voyage, 1980
123 b Pioneer Plaque: A Message from Earth, Duane King, kingduane.com
124–125 a Claus Lunau / Science Photo Library
125 bl Illustration by Tim Brown
125 br Mark Garlick / Science Photo Library
126 al NASA, ESA, and C.R. O'Dell (Vanderbilt University, Nashville, TN)
126 ar ESA / Hubble and NASA
126 bl NASA and The Hubble Heritage Team (STScI / AURA)
126 br Mike Herbaut and the ESA / ESO / NASA Photoshop FITS Liberator
127 Illustration by Tim Brown
128 NASA / ESA and G. Bacon (STScI)
129 Illustration by Tim Brown
130 a NASA
130 b Modified Copernicus Sentinel data (2016), processed by ESA, CC BY-SA 3.0 IGO
131 CERN
132 NASA / JPL-Caltech / Space Science Institute
133 NASA / JPL-Caltech / University of Arizona
134 (all) US Naval Observatory Library
135 Bernard Le Bovier de Fontenelle, Conversations on the Plurality of Worlds, 1686

색인

옮긴이 고현석

연세대학교 생화학과를 졸업하고 〈서울신문〉, 〈경향신문〉, 〈뉴시스〉, 〈뉴스1〉에서 과학 및 외신 담당 기자로 일했다. 현재는 과학 책 전문 번역가로서 우주물리학, 생명과학, 과학 문화 등 다양한 분야의 책을 번역하고 있다. 옮긴 책으로 《로봇과 일자리: 어떻게 준비할 것인가?》, 《인종주의에 물든 과학》, 《세상의 모든 과학》 등이 있다.

우주는 어떤 모양인가?

신지식교양인을 위한 우주 입문서

초판 1쇄 인쇄 2019년 9월 10일 **초판 1쇄 발행** 2019년 9월 20일
지은이 자일스 스패로 **옮긴이** 고현석 **편집** 매튜 테일러

펴낸이 김지은 **펴낸곳** 도서출판 자유의 길 **출판등록** 제2017-000167호
전화 031-816-7431 **팩스** 031-816-7430 **이메일** bookbear1@naver.com
홈페이지 https://www.bookbear.co.kr

ISBN 979-11-965625-6-4 (04440)
ISBN 979-11-965625-8-8 (04080)

The Big Idea Series: What Shape Is Space? Text by Giles Sparrow, General Editor: Matthew Taylor
What Shape is Space? © 2018 Thames & Hudson Ltd
For image copyright information, see pp. 138-140
All rights reserved.
This edition first published in Korea in 2019 by The Roads to Freedom Publishers
Korean edition © 2019 by The Roads to Freedom Publishers
Korean translation rights are arranged with Thames & Hudson Ltd, London through AMO Agency, Seoul, Korea

·이 책의 한국어판 저작권은 AMO에이전시를 통해 저작권자와 독점 계약한 도서출판 자유의 길에 있습니다.
저작권법에 의해 한국 내에서 보호를 받는 저작물이므로 무단 전재와 무단 복제를 금합니다.
·이 도서의 국립중앙도서관 출판예정도서목록(CIP)은 서지정보유통지원시스템(http://seoji.go.kr)과 국가자료종합목록시스템(http://www.nl.go.kr/kolisnet)에서 이용하실 수 있습니다(CIP제어번호2019029643).

·잘못 만들어진 책은 바꿔드립니다. 책값은 뒤표지에 있습니다.

자유의 길 The Roads to Freedom
길은 네트워크입니다. 자유의 길 로고는 어디든 갈 수 있고, 모든 곳에 열려 있는 자유로운 길을 의미합니다.
도서출판 자유의 길은 예술과 인문교양 분야에서 사람과 사람, 자유로운 마음과 생각, 매체와 매체를 잇는 책을 만듭니다.

우주 연표 Milestones

c. 450 BC	그리스 엘레아 학파의 철학자 제논, 수학에 무한 개념을 처음 도입.
c. 300 BC	고대 인도 수학자 수르야 프라즈나프티, 셀 수 있는 무한과 셀 수 없는 무한을 구별.
2세기 AD	고대 그리스의 수학자이자 천문학자 클라우디우스 프톨레마이오스, 태양계보다 그리 크지 않은, 항성들로 이뤄진 구가 유한한 우주를 포함한다고 생각함.
10세기	이슬람의 천문학자이자 수학자 알 시지, 지구가 스스로 축을 중심으로 자전한다는 생각에 기초해 아스트롤라베astrolabe 설계.
1514	니콜라우스 코페르니쿠스, 지구가 아니라 태양이 우주의 중심이라고 주장.
1584	르네상스 시대 이탈리아 철학자 조르다노 브루노, 고정된 별들은 자신의 태양계를 가진 태양들일 것이라고 주장.
1609	갈릴레오 갈릴레이, 초기 망원경을 이용해 은하에서 수많은 별 발견.
1609	독일의 천문학자 요하네스 케플러, 태양 주위를 도는 행성의 타원궤도 발견.
1729	영국의 천문학자 제임스 브래들리, 시차를 이용해 항성들까지의 거리 측정 시도.
1781	독일의 천문학자 윌리엄 허셜, 은하 지도를 만들기 위해 항성의 분포 상태 측정.
1838	독일의 천문학자 프리드리히 베셀, 가까운 은하인 백조자리61의 거리를 10.3광년으로 계산. 항성 거리에 대한 최초의 정밀 측정.
1842	오스트리아의 물리학자 크리스티안 도플러, 도플러 효과 최초 기술.
1895~1899	독일의 수학자 게오르크 칸토어, 무한집합 개념 제시.
1908	독일에서 활동한 러시아 출신 수학자 헤르만 민코프스키, 공간과 시간의 차원이 시공간. 다양체 형태로 결합되어 있다는 것을 증명.
1915	독일 출신 이론물리학자 알베르트 아인슈타인, 장 방정식이 포함된 일반상대성이론 발표.
1919	독일의 수학자 테오도어 칼루차, 4차원의 존재를 주장.
1922	러시아 물리학자이자 수학자 알렉산드르 프리드만, 아인슈타인 일반상대성이론 장 방정식에서 프리드만 방정식 도출.
1924	미국 천문학자 에드윈 허블, 일부 성운이 실제로는 은하계 수백만 광년 너머에 존재하는 독립적인 은하라고 증명.
1929	허블, 우주 팽창 발견. 빅뱅이론을 위한 길을 닦고 아이슈타인의 우주 상수의 필요성을 없앰.
1933	스위스의 천문학자 프리츠 츠비키, 믿을만한 암흑물질의 증거를 발견. 우주는 우리가 보는 것보다 훨씬 더 큰 질량을 가지고 있다는 사실을 밝힘.
1952	오스트리아 이론물리학자 에르빈 슈뢰딩거, 다중 우주가 물리적인 실체일 수 있다고 최초로 주장.
1964	미국의 천체물리학자 아노 펜지어스와 천문학자 로버트 윌슨, 빅뱅에서 우주 마이크로파 배경복사CMBR 방출 발견.
1983	미국 물리학자 폴 스타인하르트, 영구급팽창이론의 최초 형태 발표.
1996	최초의 허블 딥 필드Hubble Deep Field가 우주가 현재 나이의 3분의 1이었던 때를 보여주는 먼 은하들의 선명한 사진을 전송.
1999	천문학자들, 우주 팽창 속도를 가속시키는 암흑에너지의 증거를 발견. 우주가 평평한 동시에 열려있다, 즉 무한하다는 것을 암시.
2001	허블우주망원경, 우주 팽창 속도 측정. 이 측정으로 빅뱅이 138억 년 전에 일어났고, 관측 가능한 우주의 크기도 제한할 수 있게 됨.
2003	나사의 윌킨슨 마이크로파 비등방성 탐색기, 하늘 전체의 우주 마이크로파 배경복사 이미지 제공.
2016	미국의 레이저 간섭계 중력파 관측소LIGO, 충돌하는 두 블랙홀에서 나오는 중력파를 관측.